才能論

Hirotaro Higuchi
樋口廣太郎

講談社

才能論◉目次

第二章　「才能」をいかに伸ばすか

第四章　「できる」と言われる人間の育つ環境

カバー写真／講談社写真部・長浜耕樹

才能論

プロローグ——子どもに「夢」を与えられるように

夢や目標が人間の原動力

人間は熱気球のようなもので、誰でも生まれつき「高いところへ昇り、視野を広げたい」という向上心を持っている——私は昔からそう信じてきました。

これは銀行時代、部下と働くようになってから、私自身が一層肝に銘じていたことです。

私は、部下が上司である私より能力の点で劣っているとは、いつも考えません。自分より部下のほうが優秀だと思っていますから、相手が持てる能力をフルに発揮してくれさえすれば、仕事はうまくいくはずだと楽観しているのです。

そのために上司ができるのは、働きやすい環境を整えること以外にありません。もし部下が悩みや心配事を抱えて仕事に集中できないのであれば、親身に相談に乗り、障害を取り除いてやればいい。そうすれば、重しをはずした熱気球が空高く飛び立つのと同じように、部下も自然に力を出して伸びていくのです。

あまりにも楽観的すぎる、と思う人もいるでしょう。

いや、私のように考える人のほうが、むしろ少数派かもしれません。実際には、部下を持っている組織人の大半が、「上司である自分が引き上げなければ、部下の力は伸びない」と感じているのではないでしょうか。

たしかに、向上心のかけらも見せず、放っておくとサボることしか考えないような人がいないわけではありません。毎日、そういう部下の尻を叩きながらため息をついている人に、「人間は熱気球のようなものだ」と言っても、なかなか賛成してはもらえないものです。

けれども私は、そういう一見「怠け者」に見えるような人にも、ほんとうは向上心が宿っているはずだと思っています。彼らが、上司に叱咤されてもやる気を見せず、努力もしようとしないのは、やはり「環境」のせいではないでしょうか。

人間には必ず向上心があるとはいえ、それはどんな環境でも発揮されるというわけではありません。熱気球が温かい空気によって浮力を得るのと同じように、人間が努力して向上しようとするにも何らかの原動力が必要です。

では、人間に向上心を発揮させる原動力とは何なのか。

それは、夢や目標です。

自分自身を伸ばそうと思っても、目指す方向がわからなければ、どこに向かって伸びていけばいいのかわかりません。実現したい夢や目標をしっかり見据えたときに、初めて人は向上心を表に出し、努力することができるのです。

だとすれば、サボることしか考えていないように見える「怠け者」も、まったく向上心を持ち合わせていないわけではないでしょう。本人が夢や目標を見失っているから、努力する気にならないのかもしれません。夢や目標を持てるような「環境」が与えられていないから、やる気にならないわけです。

ですから上司としては、「もっと、やる気を出してほしい」と文句を言う前に、部下がやる気を持てるような環境を用意すべきだと思います。少なくとも、部下が持っている夢や目標の芽を摘むようなことをしてはいけません。熱気球に穴を開けてしまったら、どんなに浮力があっても空を飛ぶことはできないのです。

子どもは本来、向上心のかたまり

今は会社の話をしましたが、これは子どもの話でも同じだと私は思います。

現在、時代が大きな曲がり角にさしかかっていることは間違いないでしょう。いじめ、学級崩壊（ほうかい）、登校拒否、家庭内暴力、自殺、続発する少年事件など、新聞やテレビで「青少年」をめぐる問題を目にしない日はありません。そしてその多くが、学校や教育システムと結びつけて語られています。

もちろん、何でもかんでも学校や教師や受験制度の責任にしてはいけません。広い意味での「人間育て」は、学校の中だけで行われるものではないからです。家庭や地域社会も含めて、トータルに考えなければいけないことは言うまでもないでしょう。

いずれにしても、さまざまな青少年の問題を見ていると、この国の大人たちが彼らの向上心をうまく引き出せていないような気がしてなりません。ほんとうは高く飛べるはずなのに、気球を萎（しぼ）ませて、飛べなくしてしまっているような気がするのです。

子育てをしたことのある人なら、小さな子どもが「向上心のかたまり」のようなものだということをよくご存じのはずです。たとえば幼児が言葉を身につけていく過程だけを見ていても、彼らがまさに熱気球のようにグングンと上昇していくのがわかります。

もし大人が、あのようなペースで新しい言語をマスターできたら、その人は「語学の天才」と呼ばれることでしょう。それほど凄まじい勢いで、子どもは伸びるのです。

言葉を身につけた後も、向上心は止みません。何でも知りたがり、「なぜ?」「どうして?」を連発して親を困らせます。

こうして、子どもが生まれつき持っている向上心を、伸び伸びと発揮させるために、何よりもまず考えなければいけないのは、子どもがまっすぐに伸びていけるような「環境」を整えてやることです。

それを忘れて、親や教師が「もっと高いところまで行け」と尻を叩いているだけでは、子どもはやる気を持てません。逆に、良い環境さえ与えられていれば、放っておいても子どもは持ち前の向上心を発揮して、自ら努力するはずだと思います。

そして、向上心を引き出すために欠かせないのが、夢や目標に他なりません。こんな人間になりたい、こういう仕事をしてみたい、大きな成功をつかみたい――そういった将来のビジョンがはっきりしていれば、彼らもそれを目指して一生懸命に勉強します。

ところが現在は、そういうビジョンを子どもに与えられなくなっています。

勉強しなくなった日本の子どもたち

たとえば、深刻化（しんこくか）しつつある学力低下の問題も、子どもたちが夢や目標を持てなくなっていることと無縁ではないように思われます。

小学校で習う分数の計算もろくにできない大学生が増えている、といった話は、みなさんも新聞報道などで目にしたことがあるでしょう。高校生の学力も落ちており、偏差値（へんさち）がトップクラスの私立高校でさえ、数学の学力が中二レベルになっているそうです。

すると当然、そのぶん大学入試のハードルも低くなる。東京大学では、入試問題がやさしくなっているにもかかわらず、この十数年間で合格最低点が一五点も下がっているといいます。もっとも厳しい受験競争をくぐり抜けてきたはずの東大生でもそうなのですから、日本の子どもたちの学力が、全体的に低下していることは推して知るべし、でしょう。

かつて日本の青少年は、世界でも一、二を争うほど高い基礎学力を誇（ほこ）っていました。しかし、それも今や昔話になってしまったようです。

もちろん、私は学力だけで人間の価値を計ろうとしているわけではありません。

しかしこれまでもたらされた基礎学力の高さが、わが国の高度経済成長を支えてきたことは間違いありません。これといった資源を持たない日本が、戦後にあれだけの急成長を実現できたのは、唯一の資源である「人」の教育レベルが高かったことが一つの要因だと言えます。頭を使い、知恵を絞ることで、私たちは今日の繁栄を築いてきました。

そしてこれからも、頼りになる資源が「人」以外にないことに変わりはありません。このまま学力低下が続いていくとしたら、日本の将来はあまり明るいものとは言えなくなってしまいます。

なぜ、基礎学力は低下しているのでしょうか。

その原因は、いろいろ考えられると思います。学校のカリキュラムに問題があると言う人もいるでしょうし、授業についていけない子どもをそのままにして先に進めてしまうのがいけないと考える人もいると思います。一クラス四〇人もの生徒を、一人の教師で教えるのは限界があると主張する人もいるかもしれません。

しかし、いくら制度や運営方法を変えたところで、子どもたちが意欲を持って勉強に取り組まなければ、学力は高まりません。努力するのは、子どもたち自身だからなのです。

そう考えると、今の学力低下は、子どもたちが「勉強しなくなったこと」がいちばんの原因のように思われます。少年の非行や犯罪が起きると、必ず「勉強ばかりしているから子どもの心が歪（ゆが）むのだ」と言う人がいますが、ほんとうに今の子どもたちは勉強ばかりしているのでしょうか。どうやら、実際にはそうでもないようです。

たとえば、高校生を対象にしたある調査によれば、下校後に一秒も勉強していない生徒が、全体の三五パーセントもいるとか。ちなみに、二〇年前は二〇パーセント強だったそうです。また、学校以外で一日に三時間以上勉強する生徒は、二〇年前が一七パーセントだったのに対して、今は八パーセントとほぼ半減しています。これは一九九七年の数字ですから、今はもっと減っているかもしれません。

一般的には、「日本の受験戦争は年を追うごとに過熱する一方で、高校生はみんな塾や予備校で放課後も勉強している」というイメージを持っている人が多いことでしょう。

しかし、それもすでに古いものになりました。現実には、世の大人たちが思っているほど、今の高校生は勉強をしていないのです。むしろ一〇年前、二〇年前のほうが、「勉強ばかりしている子ども」が多かったのではないでしょうか。

そういえば、昔は当たり前のように言われていた睡眠時間の「三当四落」とか「四当五落」といった言葉も、最近はあまり耳にしなくなったような気がします。一方で、子どもの睡眠不足を指摘する声もあるようですが、それもおそらく勉強のせいではなく、多くの子どもがゲームやインターネットなどで夜更かしをしているからに違いありません。

「悪平等主義」を見直したい

なぜ、今の子どもたちは昔ほど勉強をしなくなったのでしょうか。

いや、ここではむしろ、なぜ昔の人たちが勉強したのかを考えたほうがいいかもしれません。誰にとっても、勉強そのものは決して楽しいものではないからです。遊びよりも勉強のほうが好きな子どもというのは、今も昔もあまりいません。

それでも私たちは、平均では今の子どもよりも勉強をしました。それは、「今、勉強をしておけば、将来きっといいことがある」と思えたからだと思います。

人は誰でも、報われないとわかっている努力はしたくありません。努力が報われるはずだと思うから、苦労を受け入れることができるのです。

たとえば同じ穴を掘るにしても、「そこに金銀財宝が埋まっている」と言われれば、誰だって必死で働くでしょう。でも、意味も目的もわからないまま、ただ単に「掘れ」と言われても、やる気は出ません。

世の中が貧しい時代は、勉強という努力の先に「金銀財宝」が待っていることを信じることができました。しっかり勉強して高い能力を身につければ、豊かな暮らしが手に入ると思えたから、私たちは努力したのです。

それは裏を返せば、「勉強しなければ、将来、食べていけなくなる」という恐怖感でもあったでしょう。実際にはそこまで貧しくなくても、心のどこかにそんなプレッシャーを感じながら勉強していた子どもは、決して少なくないと思います。

しかし社会全体が豊かになると、そういう恐怖感は芽生えません。勉強を怠けていても、どうにか食べていくぐらいのことは誰でもできるからです。

実際、決して怠けていなかった学生でも、今は就職先を見つけるのが難しい状況ですが、それでも彼らはあまり焦(あせ)りを感じていないようだと言います。就職できなくても、親元で暮らしていれば、アルバイトをする程度でも、そこそこの生活ができるからでしょう。昔なら親に厄介者(やっかいもの)扱いされたかもしれませんが、今はそういう子どもを養(やしな)っていけるだけの余裕を持った家庭が多いのです。

それに、今は貧富の差も昔ほど大きくないので、努力した人も怠けていた人も、手にする「豊かさ」はさほど変わりません。昔のように、「今勉強しておかないと、大人になってから困ることになるぞ」と親が脅(おど)かしたところで、今の子どもたちには、効(き)き目(め)がなくなっているのではないでしょうか。

議長を務(つと)めました経済戦略会議では、日本を「努力した者が報われる社会」にすることが答申の大きなテーマになっていました。「結果の平等」を求める悪平等主義を見直して、「機会の平等」を保証する健全な平等社会を目指そうというわけです。

逆に言えば、今の日本は「努力した者が報われない社会」だということ。それが人々の活力を奪っているわけで、学力低下も根は同じでしょう。頑張って勉強しても、それに見合う結果や評価が得られないのでは、机に向かわなくなるのも当たり前です。

いくら経済的に豊かになったとしても、こうして熱気球を萎ませているとしたら、そんな社会は実に貧しいものだと言うしかありません。

国の将来にマイナスを与えるのはもちろん、それ以前に、一人ひとりの若い人たち自身がかわいそうです。せっかくの向上心を捨ててしまうことほど、人生にとって大きな損失はありません。

ですから私は、努力するに値する夢や目標を若い人たちに与えることが、今の社会にいちばん求められていると思います。今の時代、「いい学校に入って、いい会社に就職する」「食べていけるだけの経済的な安定を得る」といったことは、もう子どもの夢や目標にはなり得ません。

私たちは、それに代わる新しい夢を自分なりに持てて、才能を伸ばせるような環境を作らなければいけないのではないでしょうか。本書が、そんな環境作りの一助になれば幸いです。

樋口廣太郎（ひぐちひろたろう）

第一章

オリジナリティを出す勇気を持つ

「改良」ではなく「独創性」

私が京都大学を卒業したのは、昭和二四（一九四九）年のことでした。

かれこれ半世紀も前のことになりますが、その頃ある先生に言われたことを、私は今でも印象深く覚えています。

三年生の私は、卒業論文を書く準備を始めていました。所属していたのは、経済哲学のゼミで、教授は出口勇蔵（でぐちゆうぞう）先生です。

卒論のテーマを決めた私は、そのテーマについていろいろな学者が書いている論文をかなり集めました。それを整理して一つにまとめれば、何とか格好がつけられるだろうと簡単に考えていたのです。

ところが出口先生は、卒論指導のとき、私たち学生を前にして、こんなことをおっしゃいました。

「卒論というのは、いろいろな学説を集めてきて、それをまとめればいいと思っている人がいるかもしれないが、そうではない」

まさに図星。それを聞いて、私がギクッとしたのは言うまでもありません。冷や汗をかきながら聞いていると、先生はこう続けられました。

「少し変わっていて、論文らしくなくてもいいから、必ず自分の意見を入れるようにしなさい。独創的でない論文は、読むに値しません」

論文らしい体裁を整えることばかり考えていた私は、内心を見透かされたような気がして、大いに反省しました。そして、「自分の意見」を持つことの大切さに気づかされたのです。書き手の考えを発表するのが論文なのですから、他人の意見ばかり書いても意味がないというのは、考えてみれば当たり前のこと。しかし当時の私にとっては、目を見開かされるような体験でした。

もしかすると出口先生は、卒論の指導を通して、私たち日本人に欠けているものを指摘したかったのかもしれません。体裁は悪くてもいいから、自分のオリジナリティを出す。これを苦手にしている日本人は多いのではないかと思います。

よく言われることですが、私たち日本人は昔から「改良」が得意です。

たとえば自動車や家電製品も、もともとは欧米で作られたもの。その技術を輸入して改良し、より高品質で価格も安い製品に仕上げるのが、日本のやり方でした。他人の論文を寄せ集めて卒論を書くのと、どこか似ています。

もちろん、それはそれで素晴らしい能力だといえるでしょう。「お手本」と同じものを作るならともかく、お手本をより高めていいものを作るのは容易(ようい)なことではありません。少なくとも、明治以降の日本が急ピッチで近代化を進め、欧米の先進国に追いつくためには、そういう能力が不可欠でした。

しかし、すでに時代は変わっています。欧米に「お手本」を求める時代は終わりました。先頭集団に追いついたのですから、これからは自らの手でオリジナルなものを作っていかなければなりません。

お手本がない以上、最初は体裁の悪い、不格好なものになることもあるでしょう。周囲の人々が、拒絶反応を示すこともあります。オリジナルな物や意見には、必ず何かしら従来の「常識」や「慣例」から外(はず)れたところがあり、人はふつう、それをすぐには受け入れられないからです。

でも、それを怖(こわ)がっていたのでは、新しいものを作ることはできません。出口先生がおっしゃったとおり、「少し変わっていて本物らしくなくてもいいから、必ず自分のオリジナリティを出す」ことが必要なのです。

すぐに答えを訊かずに考えるクセを

そして、オリジナリティを出すためには、何よりもまず「自分の頭で考える」ことが求められます。他人の論文をいくら読んでも、それだけでは「自分の意見」を作れません。他人の書いたものを参考にしつつも、そこに自分自身の経験や感覚を生かして考えたものを加えなければ、論文はオリジナルなものにならないのは、当たり前のことです。

以前、こんなことがありました。ノーベル賞を取られたこともある京都大学の故・福井謙一（ふくいけんいち）教授と、大阪から東京まで新幹線で同席したときのことです。

私は座席の背もたれを倒し、首に空気枕をつけてリラックスしていましたが、福井さんは背筋をピンと伸ばして、何やら難しい顔をしておられました。

学者というのは勉強熱心ですから、ふつうなら本を読んだり、最近ですとパソコンを持ち込んで原稿を書いたりするものでしょう。ところが福井さんは何も持たず、名古屋を過ぎ、新横浜まで来ても、同じように難しい顔でじっとしています。

それまで遠慮して声をかけなかった私ですが、どうしても気になったので、なぜそんなに難しい顔をしているのか訊(き)いてみました。

すると福井さんは、私が首につけていた空気枕を指さして、

「それが何なのかを、ずっと考えていました」と言います。

私はびっくりしました。福井さんが空気枕を知らなかったことにではなく、二時間もそれを考え続けたことに驚かされたのです。見知らぬ他人同士ならともかく、福井さんと私は、知り合いです。ふつうなら、「それは何?」とすぐに訊くところです。

では、どうして福井さんは私に訊かず、じっと考えていたのでしょうか。それを尋ねると、福井さんは「訊いたら、俺の頭はダメになります」と答えられました。「訊けば答えはわかるけれど、それでは意味がない。自分で考えることに意味がある」と言うのです。取るに足らない空気枕のことを、二時間もかけて考える。なるほど、それぐらいでなければ、ノーベル賞に値するような研究はできないのかもしれません。

生前、福井さんは、上京した時は皇居(こうきょ)のまわりを二周から三周、なるべく柔らかい靴を履(は)いて歩くのを日課にしていたそうです。歩きながら、一つの問題を考えて考えて考え抜く。すると物事がはっきり見えてくるようになる、と言っておられました。

　また、最近ますます注目を浴びている心理学者の河合隼雄（かわいはやお）さんとも、こんな話をしたことがあります。たまたま、ロサンゼルスの空港で彼とバッタリ出くわしたときのこと。出くわしたというより、私が彼のことを見つけたと言ったほうがいいかもしれません。彼があまりにもあちらこちらと歩き回っているので、いやでも目についたのです。

「そんなところで何をしてるんですか」と私が訊くと、河合さんは、

「何か新しいことを発見できないかと思って、一生懸命、探（さが）している」と答えました。さらに続けて「でも、いちばん面白いのはやっぱり人間やな」と言います。

「あなたが、いちばん変わってるよ」私はそう言って冷やかしたのですが、彼は照れるどころか、とても嬉しそうな顔を見せました。

「変わっている、と言われるのはええな」と言うのです。

　彼にとって、「人と違う」というのは、最大の褒（ほ）め言葉（ことば）なのでしょう。「変わっている」は「オリジナリティがある」と同じこと。そして彼も、自分の頭で考えているからこそ、人とは違うオリジナルな発想を生むことができるのです。

　しかし、自分の頭で物事を考えるというのは、それほど簡単なことではありません。自分の頭で考えているようで、実はそこに「自分」がない人が多いのです。

「他人の頭でものを考えられるわけはないのだから、誰だって自分の頭で考えているに決まっているじゃないか」と思う人もいると思います。

でも、ほんとうにそうでしょうか。たしかに使っているのは自分の脳味噌ですが、そこから出てくるものが、必ずしも「自分の意見」や「自分の判断」だとは限りません。

身近な例として、たとえば洋服やネクタイを買うときのことを考えてみてください。「こういうデザインが好きだ」とか「自分にはこれが似合う」などと思って選んでいれば、それは「自分の頭で考えている」と言えます。

でも実際には、そういう人ばかりではありません。「みんな、こういうスーツを着ているから」とか「今年はこの色が流行だから」といった基準で、着る洋服を選んでいる人が多いのではないでしょうか。

そこに、「自分」はありません。自分で考えているように見えながら、実は「他人の頭」で考えているわけです。

誰もが「自分の頭」で考えていたら、ブランド物のファッションがこれほど流行ることはないはずです。人はそれぞれ好みが違うし、似合う色やデザインも違うはずなのに、多くの人たちが同じようなものに飛びついている。流行とはそういうものだ、と言ってしまえばそれまでですが、これはやはり不自然です。少なくとも、本人がそれを「自分で選んでいる」のではなく、「選ばされている」のだとしか思えません。

もちろん、中にはそのブランドの良さを理解して「自分はこれが好き」と選んでいる人もいるかもしれません。しかし、大半の人々は「みんな持っているから安心」といった気持ちで、よく考えずにそれを身につけているのだと思います。

若者のファッションもそうです。街を歩いている女子高生を見れば、みんな見事に同じスタイルになっている。自分の頭で考えていないのです。

「慣例」に流されずに物事を見極める眼力を磨く

ファッションに限らず、何をするにも周囲に合わせることばかり考えて、自分の意見や判断基準を持てない人は少なくありません。

たとえば会社の会議でも、上司や同僚の顔色をうかがいながら、決して反発を受けないような優等生的発言に終始する。「自分はこう思う」ではなく、「こう言っておけば無難だろう」という意見を口にするのです。

それも、いわば「他人の頭」で考えていることになるでしょう。そういう人間ばかりでは、オリジナリティのある新しい発想は生まれてきません。

また、昔からの慣例に寄りかかって判断を下し、自分で何も考えようとしない人もいます。場合によっては、それが会社や業界全体の「常識」になってしまうこともある。かつて私が属していた銀行の世界にも、そういうところがありました。

銀行がお金を貸すのは、相手の事業を大きく育てるためです。資金を提供して、相手の事業が成功すれば、貸した銀行も得をする。だからバンカーには、顧客の事業内容を吟味し、その将来性を見極める眼力が求められるわけです。

ところが日本の銀行には、それとは関係のない基準でお金を貸すかどうか決める習慣がありました。事業内容はどうであれ、担保になる土地を持っていたり、昔から代々続いている家柄だったり、経営者の父親が立派な人物だったりすると、それだけで融資にゴーサインが出るのです。

こんなにバカげた話はありません。そんな基準で融資を行ってきたから、バブル時代には乱脈融資に歯止めが効かなくなり、結果的に膨大な不良債権を抱える羽目になってしまったのです。

私自身は、そういうやり方が間違っていると思っていたので、きちんと事業内容を検討するよう、部下にも指示していました。少なくとも自分が支店長や審査担当、そして副頭取を務めているあいだは、そのような気持ちでいたと自負しています。

そういう銀行業界の「常識」がおかしいと思うようになったのは、アメリカを中心とする世界銀行の仕事ぶりを見たことがきっかけでした。たしか私が二八歳のときですから、一九五四年のことだと思います。世界銀行の幹部が日本へ融資をするためにやって来たとき、私はその会議の席上で彼らと日本政府のやりとりを、一部始終、見ていました。

彼らは、当時日本でいちばん遅れているのは道路網である、と指摘しました。

そして、「一度は戦火を交えた国同士だが、アメリカとしても日本には経済的に立派な国になってもらいたい。したがって、遅れている道路建設についてしっかりした計画を示してくれるのであれば、融資をしよう」と言ってきたのです。

この申し出に対して、時の河野一郎建設相は、「それでは、東京から厚木経由で小田原までの道路建設を希望します」と応えました。日本としては、そうすれば厚木の米軍基地への交通の便もよくなるので、お互いの利益になると考えたのでしょう。

ところが、世界銀行はまったく異なる提案をしてきました。

「私たちとしては、なるべく利便性の高い道路を建設して、豊かな市民生活が実現されるようにしていただきたい。それに、資金提供をするのは、貸したお金を返してもらうためであるから、その意味でも交通量の少ない東京—小田原間では不適切であろう。それより、名古屋—神戸間の道路建設を考えたことはないのか。あそこは交通量も多く、物流もかなりあるので、今後の返済のことを考えても、こちらのプランをお勧めする」

この提案が受け入れられた結果、現在の名神高速道路がまず建設されたわけです。

この成り行きを見て、私は頭をゴツンと叩かれたような気がしました。日本が相手の顔色をうかがい、何も考えずに融資を受けようとしていたのに対して、世界銀行のリーダーたちは、相手のプロジェクトの成否だけを冷静に分析していたのです。

彼らはそのために、日本の各都市について綿密なリサーチを行っていました。その結果、名神間が最適だと判断した。彼らにしてみれば、バンカーとして当然の仕事をしたまでのことかもしれません。しかし当時の私にとって、これは驚くべきことでした。日本の銀行に欠けているものを、彼らが持っていたからです。

そして、それは「自分の頭で考えて、自分で判断すること」に他なりません。

相手の顔色に合わせたり、これまでの慣例に照らして判断するのではなく、自らの判断基準をしっかりと持って「自分の意見」を主張する。それが責任あるプロの仕事というものでしょう。ところが、慣例にしたがって融資を決めていた大部分の日本の銀行には、そういう責任感がありませんでした。

もちろん、それは銀行だけではありません。ひたすら過去の慣例にしたがって物事を決めていくのは、多くの業界に共通したスタイルだと思います。護送船団（ごそうせんだん）方式で守られていた時代ならいざ知らず、すべてに自己責任を問われる今の時代に、そういうやり方は通用しません。自分の頭で考えない人間は、自らの責任を自覚することもできないのです。

情報化時代こそ「私はこう思う」を入れる

さらに言えば、これからますます複雑化していく情報化社会を生きる上でも、自分の頭で考え、「自分の意見」をしっかり持つ能力が必要になると思います。

今さら私が言うまでもありませんが、インターネットや携帯（けいたい）電話などの情報・通信技術の発達で、私たちは多くの情報を瞬時（しゅんじ）に入手できるようになりました。

それはもちろん便利なことではありますが、決していいことばかりではありません。「過ぎたるはなお及ばざるがごとし」という言葉があるとおり、情報もあまりに多すぎると、かえって邪魔になるものだからです。

ですから、それを仕事や生活に有効活用するには、洪水のように溢れている情報の中から、自分に必要なものを選び取る能力が欠かせません。今の社会には、玉石混淆の情報が何のフィルターも通さずに垂れ流されています。自分の中にしっかりしたフィルターを持たなければ、情報という海の中で溺れてしまうのです。

また洋服選びでたとえれば、昔の情報環境というのは、街のブティックやデパートの紳士服売場程度の規模でした。

それぐらいの規模なら、自分の好みがはっきりしていなくても、店内にぶら下がっている商品の中からあまり迷わずに選ぶことができます。サイズや色を指定すれば、選択肢はかなり限られてくるでしょう。

しかし現在の情報環境は、それとは比較にならないほどスケールアップしています。

たとえば、スーツを買おうと思って店に入ったとします。そこにはデパート何百軒分にも相当する量の商品が並んでいて、しかもその中には古着もあれば粗悪品も混じっているのです。そこから自分の求める一着を探し出すのは、至難の業。足を棒にして店内を歩き回っても、ひたすら途方に暮れるばかりでしょう。

サイズや色を指定しても、選択肢は大して減りません。膨大な選択肢を絞り込んで探しやすくするためには、価格、デザイン、生地の種類、製造国、用途など、細かい条件や基準を自分で設定しなければならないのです。

「みんなと同じようなもの」とか「今流行っているもの」などと、アバウトな条件を店員に伝えただけでは、選択の範囲が大きすぎて買い物にならないはずです。

情報に対するフィルターとは、そういうものです。「こういう情報が欲しい」という基準が自分の中になければ、役に立つ情報は手に入りません。

たとえば「金融のことが知りたい」と思って、インターネットにアクセスしたとしましょう。このとき、「金融」をキーワードに検索をしても、あまりに多くの情報を前にして立ち往生するだけです。情報を絞り込むには、金融の何について知りたいのかを自分で具体的に考えなければいけません。

何か一つのテーマについて考える場合も同じで、自分の意見や価値基準のはっきりしていない人は、いろいろな人々がいろいろな意見を語っている情報環境の中で、右往左往することになってしまいます。

他人の意見を参考にするにしても、まずは「自分の意見」がなければ、どれが参考になるのか判断できないのではないでしょうか。

それに、情報は決して一方通行のものではないと私は思っています。さまざまな道具やメディアを使うとはいえ、最終的には人間同士のコミュニケーションを通じて入ってくるのが情報です。

コミュニケーションは常にギブ・アンド・テイクですから、価値のある情報が欲しければ、自分もそれに見合った情報を提供しなければいけません。自分の意見を持たず、ただ受け身で待っているだけでは、何も得られない。それが、高度情報化社会のルールだとも言えると思います。

いずれにしろ、情報を選んで使いこなす上で大事なのは、自分の頭で考え、自分の意見や基準を持つことです。

「私はこれが知りたい」「私はこう思う」といったことを、主体的にアピールできない人は、この広大な海を泳ぎ切ることができません。漫然（まんぜん）と周囲に合わせているだけでは、方向を見失って埋もれてしまうのです。

これからは優れた「個人」を育てる試みも必要

ところが前にも申し上げたとおり、日本人は自分の意見をあまり持とうとせず、オリジナリティを出すのが苦手です。「自分らしく」暮らすことよりも、「みんなと同じように」暮らしていることで安心感を得ている人が多いのではないでしょうか。

もちろん、そうではない人も大勢います。しかし全体的に見れば、私たち日本人にそういう傾向があることは否(いな)めないでしょう。

若い世代の人々が、個性を感じさせない似たようなファッションに身を包み、みんなで同じ音楽を聴いている様子を見ていると、その傾向はなくなるどころか、ますます強まっているようにさえ思えます。

よく言えば協調性があるということですが、悪く言えば消極的で個性がない。

当然、これからはその悪い面ばかりが目立つことになります。追いかけるターゲットのない先頭集団の中で走り続けるためにも、そして情報化社会を生き抜くためにも、日本人全体が「自分の頭で考えられる」ようにならなければいけません。

前置きが長くなってしまいましたが、それこそが二一世紀に向けて求められる基本的な課題だと私は思っています。

自分の頭で考えられる人間を、いかに育てるか。

残念ながら、今まではその観点を忘れていたように思います。

「必ず自分の意見を入れなさい」と指導する出口先生のような教師は、どちらかと言えば少数派。私自身、大学を卒業する寸前にその大切さを知ったわけですから、それまではあまりそのような指導を受けていなかったのでしょう。むしろ、きちんとまとめられた体裁（ていさい）の良い文章に高い点数をつける教師のほうが多かったのです。

あえて極端な言い方をすれば、これまで日本人が受けてきたのは、優（すぐ）れた「個人」を育てるものではなく、優秀な「集団」を作るためのものでした。

少なくとも学校では、自立した個人ではなく、「集団の構成員」としての人材を育ててきたと言えるでしょう。

集団が高いレベルを保ち、効率よく作業を進めるためには、そこに属する個人が自分の頭で物事を考える必要はありません。求められるのは、言われたことを正しく理解して、それを忠実に実行する能力です。

他人と違うことを考える人間や、突出して高い能力を持った人間は、そこではむしろ邪魔になります。たくさんの歯車がかみ合わさって動いているときに、一つだけ逆回転をしたり、一つだけ倍の速度で回転する歯車があったのでは、集団という機械はうまく動きません。みんなと同じことを考え、同じ仕事を同じようなペースでこなせる人間が数多くいることが、集団のレベルを高めたのです。

「疑問」を持つことが「考える力」を生む

とはいえ私は、そういう人材を育ててきた従来の学校教育を、頭ごなしに否定しているわけではありません。

その社会がその時代に求めるタイプの人間を育てるという意味では、明治時代から続いてきたわが国の学校教育は、その役割を果たしてきたということができます。

工業化時代に、効率のよい大量生産によって経済力を高め、国力を向上させるためには、一定の水準をクリアした均質の人材が求められていました。だからこそ、集団の構成員としてみんなと同じ仕事を同じようにこなせるよう、全員を平均的なレベルまで押し上げることが必要だったのです。

しかし一方で、「自分で考える力」を奪うというデメリットがありました。

多くの場合、「自分で考える」という行為は、まず「疑問」を持つことから始まります。

「先生の言っていることだけが正しいのだろうか」

「教えられた方法以外にも、別のやり方があるかもしれない」

「教科書にはこう書いてあるけど、他の見方もあるはずだ」

……そんな疑問が生まれたときに、人は初めて、自分の頭で物事を考えようとするものです。疑問が芽生え(めば)なければ、自分で考える必要はないので、教えられたことを「これが正しい」と丸ごと飲み込んで、身につけておけばいいのです。

これまでは、そういう、素直で従順な人たちを高く評価する仕組みになっていました。決められたカリキュラムを早く身につけさせ、工業化社会で役立つ社会人として世の中に送り出すためには、途中で疑問を抱いて立ち止まられては困るからです。

こうして、教えられたことに疑問を持たず、何でも無批判に受け入れる子どもたちが、「優等生」扱いされるようになりました。授業中に突飛(とっぴ)な質問をしたり、みんなと違う行動を取ったりする人は、いわば「変わり者」です。

本来、子どもというのは「知りたがり」「訊きたがり」な生き物ですから、はじめから物分かりのいい優等生など一人もいません。ほんとうは、心の中にたくさんの「？マーク」を抱えているはずです。

ところが、それを口にすると、学校で変わり者扱いされてしまいます。それがイヤで、たとえ先生の言うことに疑問を感じても、それを表に出さないようになってしまうことが多いのではないでしょうか。

「こんな質問をしたら、みんなに笑われるかもしれない」

「みんなと同じようにやらないと、変な目で見られる」——というわけです。

そういう不安が子どもたちを萎縮させ、萎縮してしまうと、自分の頭で考えることをやめてしまう。個性やオリジナリティを抑え込むクセが身についてしまうのです。

学校のうちから「考える力」を養うトレーニングを受けていないのですから、社会に出てからもその行動パターンは変わりません。「出る杭」になることを怖がって、左右を見ながら「横並び」で歩いていく。結果的に日本の組織は、どこを切っても同じような顔ばかり出てくる「金太郎飴集団」になってしまったのです。

人材の大量生産の時代は過ぎた

私は以前から、これからの組織は「金太郎飴集団」ではなく、「桃太郎軍団」になるべきだと考えてきました。

鬼（おに）が島（しま）へ鬼退治（たいじ）に行った桃太郎一行に、「みんなと同じことを同じようにやる」ようなメンバーは一匹もいません。桃太郎のお供（とも）になったサル、イヌ、キジは、それぞれまったく違った得意技を持っています。サルは木に登り、イヌは地上を駆（か）け回り、キジは空を飛ぶことができる。これだけ多様な能力を備えていれば、それだけバリエーションに富んだ戦い方ができることでしょう。

このように、さまざまなスペシャリストが一つの集団として結束したときに、組織は強みを発揮します。それが、理想的な組織のあり方だと私は思うのです。

たしかに、明治以来に作り上げてきた「金太郎飴集団」は、日本の近代化を押し進める上で大きな力を発揮してきました。

どこを切っても同じ顔が出てくるということは、どこを切っても同じぐらい優秀な能力を持った人材が出てくるということです。その「平均点の高さ」が日本の武器だったことは疑いようがありません。

ただし、平均点を高めることが国力アップにつながるのは、その国が発展途上にあるときだけです。人々の教育レベルが低いときは、多様なスペシャリストを養成するよりも、まずは一律に全体の底上げを図るのが先決。

いわば「人材の大量生産」が求められる面がありますから、子どもたちを一つの色に染め上げるような、画一的な方法も、ある程度はやむを得ないかもしれません。

しかし欧米へのキャッチアップを果たし、先進国の仲間入りをした以上、そのような「人材の大量生産」はもう用済みです。協調性のみ優れた横並び人間ばかりでは、「お手本」のない環境の中で、新しいものを生み出していくことができません。

お手本がないということは、「前例」がないということです。かつて誰もやったことのない仕事にチャレンジしなければ、前進することはできません。手前味噌になりますが、かつてのアサヒビールも「辛口のビール（スーパードライ）」という前例のない商品にチャレンジしたからこそ、業績を回復することができました。

ところが、自分の頭で考えることのできない人は、前例のないことに挑戦する勇気を持てません。「みんなと同じことを同じようにやる」のが正しいと信じていれば、「今までと同じようにやる」ことが正しいと考えるのも当然です。

経済が右肩上がりで成長していた時代は、それでも通用しました。うまくいっているやり方を、あえて変える必要はありません。前例をきちんと踏襲(とうしゅう)していれば、それなりの結果を出すことができたのです。

しかし言うまでもなく、そんな時代はもう終わりました。前例を踏襲しているだけでは、安定どころか、じり貧に陥(おちい)るだけです。

「自分の意見」を正しく伝える表現力を

いずれにしても、さまざまな意味で社会の求める人材が変わってきた以上、それに対応して世の中の動向も変わらなければいけません。必要なのは、常識や前例にとらわれない、独創的でユニークな発想のできる人材です。

そういう人材を育成するためには、まず、誰もが「自分の頭」で自由に考えられるような環境を用意すべきだと思います。教室や職場の中に、まわりに気兼(きが)ねしてわからないことを訊くこともできないような空気が漂っていたのでは、考える力は身につきません。

人間は一人で生きていくことができませんから、協調性はもちろん大事です。でも、何でもかんでも「みんなと同じ」である必要はありません。

みんなが当たり前と思っていることに疑問を感じてもいいし、反対の意見を持っていてもいい。いや、他人と違うオリジナリティを持つことは、それだけで何らかの価値があるのだということを、若い人たちに肌で実感させるのが大事です。

今までは、どちらかというと「他人と違う」ことを恥ずかしく感じてしまうような空気がありました。これからは、むしろ、「みんなと同じような意見しか持てない自分」を歯がゆく感じるぐらいになって、ちょうどいいのではないでしょうか。

もっとも、いくら「自分の意見」を持つことが大事とはいえ、ただ単に「人と違えばいい」とばかりに、見当違いなことを好き勝手に言っているようではいけません。「自分を持つ」ことと「わがまま」は別物ですし、「独創的」と「独善的」も似て非なるものです。「独創」が「独善」に陥らないようにするには、自分の頭で考えたことを、他人が理解できるように伝えなければいけません。

同じように「自分の意見」を書いたり喋（しゃべ）ったりしても、表現力のある人とない人とでは、相手への伝わり方が違います。どんなにすばらしい意見を持っていても、それが他人にうまく伝わらないのでは意味がないでしょう。

しかし自分で考えることを求めない社会の中では、表現力を磨く(みが)トレーニングもあまり重視されませんでした。自分の意見を表現することより、与えられた知識やノウハウを頭の中に詰め込むことが優先されたからです。

つまり今までは、情報をインプットすることにばかり一生懸命で、アウトプットのことが軽んじられていたと言ってもいいでしょう。もちろん、国語の作文のように、アウトプットの訓練がまったくなかったわけではありません。しかし前述したように、それさえも「自分の意見」を表現する場ではなく、見栄え(みば)のいい「模範解答」を求めるものになっていたわけです。

そのせいか、今の世の中には、自分の考えていることをうまく伝えられないことで、ストレスを感じている人々が多いように見受けられます。

たとえば、インターネット。この新しいメディアでは、誰もが自由に自分の意見を発表できるわけですが、そこで交わされているコミュニケーションは決して豊かなものばかりではないようです。

聞くところによると、一つのテーマに沿って意見交換をするような場所では、対立した意見を持つ人たちが、罵詈雑言を投げつけ合っていることも少なくないとか。それはもう、読むに堪えないほど醜いやりとりだそうです。おそらく、お互いに表現力が未熟なために、誤解が誤解を生んで収拾がつかない状態になってしまうのでしょう。

顔も名前もわからない見知らぬ他人同士が対話をすれば、そうなるのも仕方のない面があるのかもしれません。しかし、よく知っているはずの相手とやりとりする電子メールでも、表現力不足によるトラブルがしばしば起こっていると言います。

送ったほうは相手を傷つけるつもりなど毛頭なかったのに、ちょっとした言い回しがアダになって、受け取ったほうは気分を害したり、腹を立てたりする。手紙を書かなくなり、何でも電話で済ませるようになったところへ、急に「文章で伝える」という作業が増えたのですから、舌足らずな表現が横行するのも無理はないと言えるでしょう。

通信手段の発達で、私たちのコミュニケーション量は確実に増えています。でも、「量」が増えれば「質」が低下しやすいのは、何でも同じ。質の悪いコミュニケーションをどれだけ増やしても、情報化社会は豊かなものにはなりません。そういう意味でも、今の社会では、自分の考えをきちんと伝える表現力が欠かせないのです。

「同じ」を求める協調性から、「違い」を認める協調性へ

表現力と言っても、誰もが大作家のような美文を書けるようになる必要はありませんし、大政治家のような名演説で人々を感動させられるようになる必要もありません。そんなに立派なことではなく、要は自分の考えていることを、微妙なニュアンスも含めて、正確に、説得力のある形で相手に伝達できるようになればいい。つまるところ、表現力とはコミュニケーション能力のことです。文章や話し方がたどたどしくても、誤解やトラブルなしに人と対話ができれば、その人は表現力があると言えるでしょう。

表現というのは常に相手のあることですから、自分では理路整然と書いたり話したりしているつもりでも、それが正しく伝わるとはかぎりません。

相手はコンピュータではなく、生身の人間です。そのときの体調や感情、社会的な立場やこちらとの関係性などによって、伝わり方は違ってくるに違いありません。

たとえば、夫や妻などの家族ならすぐに理解してもらえる話が、会社の上司や同僚などの他人にはうまくわかってもらえない、といったことがあり、またこの逆の場合もあります。

表現力には、そういう「人づきあい」にからむ問題をうまく処理する能力も含まれます。相手によって、あるいは相手の置かれた状況によって、表現の仕方も工夫しなければいけません。他人とうまくつきあえない人というのは、他人とのコミュニケーションがうまくないわけで、つまりは表現力に欠けているのです。

私自身、自分の表現力のいたらなさに恥じ入ることがしばしばありました。思ったことをすぐ口に出してしまう性分（しょうぶん）なので、とくに若い頃など、上司の機嫌（きげん）を損（そこ）ねてしまうことが多かったのです。住友銀行時代、秘書役として仕（つか）えていた堀田庄三（ほったしょうぞう）頭取にも、

「君には、自分の意見をパッと言ってしまうきらいがあるが、こちらの気持ちに余裕があるときはいいが、余裕がないときは腹が立つこともある。意見を述べるときは、私が言うのもおこがましいのですが、という言葉をつけなさい」

と、お叱（しか）りを受けたことがありました。

人の心や感情はデリケートなものですから、そうやってちょっと表現を工夫しただけで、相手の感情を損ねずに意見を聞いてもらえるようになるものです。これは人づきあいにおけるマナーやエチケットの類ですが、それも広い意味で「表現力」の一部だと言えるのではないでしょうか。

そして、これは従来と少し違う意味での「協調性」です。協調性というと、これまでは「みんなと同じように考え、同じように行動する」ことでした。しかし、これから求められる協調性とは、「意見の違う相手ともうまく融合(ゆうごう)していける能力」のことです。

みんながそれぞれ「自分の意見」を主張しながら、対立することなく、お互いの違いを認めながら共に前進していく。そうならなければ、自分の頭で考える独創的な人材を生かすことができません。お互いの独創性をフルに役立てるために、それぞれが表現力を磨いて協調していかなければいけないのです。

今までが「同じ」を求める協調性だったとすれば、これから必要なのは「違い」を認める協調性、とでも言えばいいでしょうか。そういう能力を身につけさせるための工夫が、これからの時代に求められるのだと思います。

そして表現力を高めるためのトレーニングは、同時に、「考える力」を養う訓練にもなるのではないでしょうか。考える力は、一人で部屋に閉(と)じこもって瞑想(めいそう)していても高まりません。人間同士の間で交わされる、活発で豊かなコミュニケーションを通して、人は考える力を身につけていくのです。

原点は自分の頭で考えること

ところで、「自分の頭」で考えることのできない人たちが多くなってしまったのは、学校教育だけのせいなのでしょうか。

たしかに、教師の言うことや教科書に書いてあることを「これが正しい」とまるごと押しつけるのは、子どもから考える機会や批判精神を奪ってきました。でも、それだけで「自分の意見」を持てなくなったわけではないような気がします。

それというのも、子どもは、学校の中だけで生きているのではないからです。たとえ学校で「他人の考え」を押しつけられていたとしても、いったん外に出れば、自分の頭で考える機会はいくらでもあるはずです。

人間は、家庭や地域社会など、あらゆる場所でもさまざまなことを学び、知識を身につけます。その中でもいちばん見逃せないのは、マスメディアではないでしょうか。子どもだけでなく、現代人のほとんどが、マスメディアから日常的に大きな影響を受けていることは間違いありません。

そこで、ここでは「マスメディアとのつきあい方」について少し考えてみたいと思います。

私たちの生活は、テレビ、新聞、雑誌といったマスメディアに覆い尽くされていると言っても過言ではありません。「地域社会が崩壊（ほうかい）した今、いわゆる〈世間〉はマスメディアの中にしかない」などと言う人もいるぐらいです。それは極論だとしても、私たちがマスメディアからの情報なしに生きていけなくなっているのは事実でしょう。

そこで問題なのは、私たちが、ともするとマスメディアに寄りかかりすぎてしまうことです。たとえば天気予報のような客観的な情報については、マスメディアに頼ってもいいでしょう。でも、テレビや新聞からもたらされるのは、そういう情報ばかりではありません。政治、経済、犯罪などの社会問題について、それを「どう考えればいいか」という主観的な情報もたくさん流れてきます。

しかもマスメディアは、大量に、くり返し同じような情報を流してくるので、受け手のほうはそれが真実だと思い込んでしまう。自分で考えなくても、考えたような気になってしまうことが多いのです。

実際、あたかもそれが「自分の意見」であるような調子で、どこかで聞いたことのあるステレオタイプな意見を口にする人は少なくありません。無意識のうちに、マスメディアと同じような考え方をするように仕向けられているわけです。これでは、自分の頭で考えているとは言えないでしょう。

マスメディアの論調というのは、画一的なものになりやすく、短絡的であることも多いものです。たとえば中学生が自殺したと聞けば、学校でいじめがなかったかどうかを探り、少しでもそういう事実があれば、「いじめ自殺」というレッテルを貼ってしまう。でも、それが自殺の真相を言い当てているかどうかは、そう簡単にわかるものではありません。人が自ら命を絶つ理由は、それほど単純なものではないはずです。

いじめが原因だった可能性はたしかにありますが、他の原因があった可能性もあります。そちらの原因がなければ、仮に学校でいじめられていたとしても、自殺せずに済んだかもしれません。

ところが、いったん「いじめ自殺」というレッテルが貼られると、他の可能性はまったく見えなくなってしまいます。そして世間の人々は、「いじめ自殺が増えているんだな」と決めつけてしまうわけです。

そこで、「ほんとうに、いじめだけが原因なのかな」と疑問を持つのが、「自分の頭で考える」ということでしょう。ところがマスメディアには、そういう疑問を抱かせないようなパワーとボリュームがあります。

そのため私たちは、自分ではそれと気づかぬうちにメディアの作る「世論」に流され、思考停止状態に陥ってしまうのです。

人々の価値観も、今はマスメディアによって左右されているように思えて仕方ありません。たとえば音楽の世界でも、テレビドラマやCMに使われた曲が大ヒットすると言います。何度も聞かされているうちに、それが「いい曲」だと思い込まされてしまうのでしょう。そのCDを買った人たちのうち、自分なりの価値判断を下している人がどれだけいるのか、私にははなはだ疑問です。

ブランド品が売れるのと同様、みんなが「いい」と言っていれば、自分の好みには合わなくても「いい」と思って買ってしまう人が多いのではないでしょうか。

ことほどさように、マスメディアの影響力とは実に大きいものです。いくら学校で「考える力」を鍛(きた)えても、現在のようなメディア環境で暮らしている限り、その影響力に抗(あらが)って「自分の意見」を持つのは容易なことではありません。

そこで必要なのが、メディアリテラシーを身につけさせることだと思います。

「リテラシー」とは、「読み書き能力」のこと。「読み・書き・そろばん」というぐらいですから、リテラシーは「考える力」の基本です。しかしこれまでは、「読み・書き」というと、文字を読んだり書いたりすることだけが念頭に置かれていました。メディアの情報をいかに「読む」かということは、あまり教えられてこなかったのです。

したがって今後は、新聞やテレビの情報だけが必ずしも正しいわけではない、マスメディアの「意見」は偏（かたよ）ったり間違ったりしていることもある、ということを理解させることが大切なのです。事実、メディア先進国のアメリカでは、すでにメディアリテラシー教育が積極的に行われています。

もちろん、そういうことは家庭でもできます。

親が、「このキャスターはこう言ってるけど、お父さんはこう思うよ」といった話をするだけでも、子どもはマスメディアを疑い、自分で考える習慣を持つようになるのではないでしょうか。これは、誰にでもすぐに始められる、きわめて身近で大切なことではないかと思います。

第二章

「才能」をいかに伸ばすか

「人格」を肩書きで評価する価値観

これは知り合いから聞いた話ですが、とある結婚披露宴(ひろうえん)で、主賓(しゅひん)として呼ばれた新婦の高校時代の恩師が、こんなスピーチをしたそうです。

半年ほど前、結婚を決めた新婦が挨拶に来たので、「相手はどこの大学を出ているのか」と訊(き)いた。彼女の口から○○大学(某有名私立大学)の名前が出たので、私は「そりゃあ、いい」と言った。さらに、相手の仕事を尋(たず)ねると、××株式会社(日本を代表する大企業)に勤めているという。私は「ほんとうに、いい相手を見つけたね」と言って、この結婚に大賛成した——。だいたい、そんな内容だったそうです。

そのスピーチを聞いた知り合いは、開いた口がふさがらなかったと言います。

「まるで、マイホームを買った人に、敷地の広さや駅からの距離を訊いて、いい物件を見つけたね、と言っているような感じでしたよ。学歴と会社名だけで褒(ほ)められたって、新郎(しんろう)は少しも嬉(うれ)しくなかったんじゃないでしょうか」とも言っていました。

たしかにこの恩師は、「○○大学」や「××株式会社」を褒めているだけで、教え子が結婚相手に選んだ男性のことを褒めているわけではありません。その人格や人間性について何も触れていないどころか、おそらく挨拶に来た新婦に「相手の男性は、どんな人なんだい?」と訊いてもいないのでしょう。相手の学歴と会社名を確認しただけで、その結婚に手放しで賛成しているのです。

そんなことで生涯の伴侶(はんりょ)を決められるのなら、身分証明書だけ見れば十分です。お見合いのときに、相手と会って話をする必要もありません。結婚相談所に行って、コンピュータが見つけた相手と黙って結婚すればいいのです。でも、そんなふうにして結婚相手を決められる人が、いったいどれだけいるのでしょうか。

昔は、お互いに顔も知らないまま親が決めたとおりに結婚する人もいました。しかし、今はそんな時代ではありません。お互いに相手のことをよく知り、その人格や人間性を愛し、尊敬できると思ったからこそ、結婚する。このカップルも、そうやって結婚を決めたに違いないのです。

それなのに、肩書きだけで「いい相手」と言われた新郎もかわいそうですが、そんな選び方をしたように誤解されかねない新婦も気の毒です。

要するに、「有名大学を出た一流企業社員をモノにするとは、でかしたな」と言われているわけで、これではまるで、愛情なしに打算だけで結婚したみたいではありませんか。

私がこの話を聞いていちばん呆れたのは、そのスピーチをしたのが新婦の高校時代の恩師、つまり「教育者」だったということです。

もし、学歴や勤め先だけで人間の価値が決まると思っているのだとしたら、この「恩師」は今までどんなことを教えてきたのでしょうか。私には、それがひどく歪んだもののような気がしてなりません。

学歴と会社名で新郎を「いい相手」だと判断したぐらいですから、おそらく自分の教え子についても、「いい大学、いい会社」に入りさえすれば、それだけで手放しで喜んでいたのでしょう。そして、そういう人間を育てたことを、自分の手柄だと思っている。つまり、この「恩師」は子どもたちに「立派な身分証明書」を持てるようにしてやることが、自分の仕事だと思っているわけです。

もちろん、学力を高めることが、教師の仕事の一つであることはいうまでもありません。そういう意味では、自分の教え子がレベルの高い大学に合格したことで、教師がある種の達成感を得るのは、決して悪いことではないでしょう。

ですから、それ自体は一つの成果として評価していいとは思います。しかし、それだけで満足している教師のことを「教育者」と呼べるかと言えば、話は別です。目的は、豊かで幸福な人生を送るために必要な能力を、子どもたちに与えることではないでしょうか。学力はその手段の一つにすぎませんし、いい大学やいい会社に入れば、誰もが幸福になれるとはかぎりません。豊かさや幸福の基準は、人によって違うからです。

ただ一つ、誰にでも共通しているのは、「自分らしく生きる」ことが豊かさや幸福感につながるということではないでしょうか。それがどんな種類のものであれ、自分が持っている才能や個性をフルに発揮していると思えるとき、私たちは豊かな気持ちになり、幸福を感じるのだと思います。

ところが、「いい大学、いい会社」という画一的な価値基準しか持っていない教師は、子どもたちがそれぞれ持っている「自分らしさ」に目が向きません。一人ひとり違うはずの「才能」や「個性」には目もくれず、「こういう大人になりなさい」とステレオタイプな価値観を押しつけてしまうのです。

件（くだん）の「恩師」も、教え子の結婚相手がどんな「らしさ」を持っているかということに、まったく関心を持っていなかったように見受けられます。関心があるのは、学歴や会社名という「ブランド」だけ。もし、こういう教育者が世の中に多いのだとしたら、実に不幸なことだとしか言いようがありません。

自分の「才能」を信じることが「夢」への第一歩

私は本書の冒頭で、若い人たちに夢や目標を与えるのが私たち大人の役割だということを申し上げました。人間は夢や目標がなければ努力をする気にならず、したがって成長もしないからです。人の成長を促(うなが)せないような社会は発展しません。

では、夢や目標を持てるような社会にするには、どうすればいいのでしょう。

さきほども申し上げたとおり、人間は誰でも「自分らしく生きたい」と願っています。ですから、夢や目標も「自分らしい」ものでなければいけません。「いい大学、いい会社」などという、個性を蔑(ないがし)ろにした画一的な目標を示されても、それが「自分らしい」と感じられる人は少ないでしょう。

夢や目標とは、つまり「将来のビジョン」のことです。

自分らしいビジョンを描くには、まず「自分に何ができるのか」「自分にはどんな才能があるのか」ということを知る必要があります。人は、「自分には才能がある」と信じることから、自分の夢を育んでいくものだからです。

当たり前の話ですが、たとえばプロのスポーツ選手になる人は、子どもの頃に「自分にはスポーツの才能がある」と感じる瞬間があったに違いありません。科学者や技術者になる人なら、小学校や中学校で「自分は理科が得意だ」と思っていたことでしょう。

その才能に気づいたからこそ、それを生かすためのビジョンを自分自身で思い描くことができた。そして、自分の「夢」に向かって努力することができたのです。

自分に才能があると思わなければ、夢を持つことはできません。仮に「こうなりたい」という思いが芽生えたとしても、それは単なる絵空事にしかならないでしょう。自らの能力を信じられなければ、「努力すれば報われる」とは思えないからです。

だとすれば、私たちのやるべきことはただ一つ。若い人たちの持っている才能を発見し、それを伸ばしてやることだと思います。彼ら自身が自分の才能に気づくことが、夢や目標への第一歩なのです。

「他人に見つけてもらわなくても、自分にどんな才能があるかは、本人がいちばんよく知っているだろう」と思う人もいるかもしれません。

しかし人間は、必ずしも自分自身の才能にそう敏感ではありません。自分が得意なこと、つまり苦労せずにできることは、自分だけができるわけではなく、誰でも当たり前にできることだと思い込む傾向があるからです。

たとえば表計算が得意な人にとって、それは決して特別なことではありません。「できて当たり前」です。スラスラとパソコンを操っても、「自分には計算の才能がある」とは思わないのです。計算のできない同僚がいたとしても、そちらのほうが「特別」だと思うだけ。極端に言えば、その人にとって表計算をすることは、ふつうに息をしたり歩いたりするのと同じことなのです。

スポーツの才能にしても、絵を描く才能にしても、「できて当たり前」のことをしているとしか思っていないのでは、自信にはつながりません。それが自分の「才能」だと気づき、自信を持つようになるのは、他人から評価されたときでしょう。

「きみは計算が得意だね」「誰よりも速い球を投げられてすごいな」「絵が上手だね」といった具合に、人から才能を認めてもらったときに、それは「できて当たり前」から「特別なこと」に変わるのだと思います。

だからこそ、小さいうちは親や教師が、そして職場では上司がその人の才能を「発見」する必要があるのです。せっかく才能があっても、誰もそれを見出してくれなければ、本人もそれをさらに磨（みが）き上げようという気にはなりません。その結果、せっかくの才能がいつの間にか消えてしまうこともあるでしょう。才能の芽は、他人に見つけてもらうことで、大きな木に育つのです。

人に夢を与えるとは、そういうことだと私は思います。夢や目標は、「こういう人間になりなさい」という形で上から与えるものではありません。それは、あくまでも本人が自分でつかみ取るもの。親や教師や上司にできるのは、彼らが自信を持ってそれに取り組めるような環境を作ることだけです。

才能の発見は、そんな環境作りの第一段階だと言えるでしょう。地面から顔を出したばかりの芽に、水をやり、肥料を与えることが大切。部下の才能を見つけられない上司は、その人から夢や目標を摘（つ）み取り、向上心を奪っているのと同じことなのです。

私が逆境を乗り越えられた恩師の言葉

子どもの才能を発見するためには、当然、一人ひとりに対してしっかり目配（めくば）りしなければいけません。言葉は悪いですが、「ひと山いくら」のような扱い方をしていては、それぞれの才能や個性に気づくわけがないからです。

そもそも、自分が「その他大勢」の一人としか思われていないのでは、何をやるにも意欲が持てないでしょう。才能がどうこうという以前に、自分が一人の人間として価値を持っていることさえ確信が持てなくなってしまいます。

人間、何が辛いといって、そこに自分がいるにもかかわらず、誰にも注目してもらえないときほど辛いものはありません。いじめの中でも「無視」がいちばん強いダメージを与えるのは、そのためだと思います。たとえ大きな才能を持っていても、それに関心を示してくれる人が誰もいなければ、その才能を伸ばす気にはならないのです。

逆に、学校の先生が「自分に注目してくれている」と感じることができれば、それだけで子どもは最低限の自信を持てるのではないでしょうか。具体的に「おまえにはこういう才能がある」と指摘されなくても、自分を一人の人間として認めてもらうだけで、「だいじょうぶ、僕は僕らしく生けていける」と思えることもあるものです。

私も小学生のときに、そんな体験をしました。私が今も前向きな姿勢だけは失わずに生きていられるのは、その体験のお陰だと思っています。

　これは謙遜(けんそん)でも何でもなく、小学校低学年の私は、きわめて出来の悪い子どもでした。勉強はやらず、することと言ったら喧嘩(けんか)ばかり。負けん気だけは強くて、母親と琵琶湖(びわこ)の遊覧(ゆうらん)船(せん)に乗ったときなど、「席を代われ！」と脅(おど)かしてきたヤクザ者に向かって、「どうして僕たちが席をどかなきゃいけないんだ！」と抵抗し、母親に大変な心配をかけました。

　学校でも、弱い者をいじめる同級生と喧嘩をしては校庭に立たされる日が多く、父親などは、「せめて授業参観日には、息子が立たされていないように」と願っていたそうです。

　そんな生徒でしたから、学校の先生たちも、私のことなどあまりかまおうとしません。こんな劣等生は、どうせ高等小学校か商業学校へ行くだけだから、放っておけばいいと思われていたのでしょう。

　しかも、私の通っていた小学校は、どういうわけか教育者の家の子どもが多く、全校生徒の半分ぐらいが、京都大学や同志社大学の教授の子弟です。ちなみに、ノーベル賞で知られる湯川秀樹(ゆかわひでき)博士の三兄弟も同じ小学校の生徒でした。

　おそらく先生たちも、そういう「将来有望」な生徒たちのほうが教え甲斐(がい)があるのでしょう。そちらばかり熱心に指導して、小さな布団屋(ふとんや)の息子でやんちゃ坊主の私のことなんか、誰も注目してくれないと思い込んでいました。

でも、そんな中で、たった一人だけ、私に目をかけてくれる先生がいました。東浦奈津江先生という、師範学校を出たばかりの女性教師です。私が人生で出会った最初の「恩師」だと言えます。東浦先生は、誰も注目しない落ちこぼれの私を、いつもやさしい眼差しで見守り、事あるごとに励ましてくれました。

とくに、先生が転勤で別の学校に行くときにかけてくれた言葉を、私は決して忘れません。別れ際に、東浦先生はこんな言葉を残してくれたのです。

「樋口君、あなたには、あなたにしかない何かがある。すばらしい何かを持っているんだから、自信を持って進んでいってほしい。ウソだけは言わずに、自分の気持ちを出して、伸び伸びとやっていきなさい」

この言葉ほど、私を勇気づけてくれたものはありません。私が持っている「何か」を具体的に言われたわけではありませんが、心の支えにするにはこれで十分でした。

苦しいときや逆境に立たされたとき、私はこの言葉があったからこそ、「だいじょうぶだ、俺には俺にしかない何かがある」と自分自身を鼓舞しながら前進することができたのです。

「小さな個性」も見逃さない

人は誰でも、それぞれ顔が違うように、その人にしかない「何か」を持っています。それが「個性」というもので、もちろん、人によって大きな個性もあれば、小さな個性もあるでしょう。誰もが、偉大なスポーツ選手や芸術家になれるほど、大きな個性を持っているわけではありません。

でも、たとえ小さくても、必ず「何か」はある。大きいか小さいかは問題ではありません。むしろ、「大きな個性」ばかり見つけようとすると、「小さな個性」を見逃(みのが)してしまう恐(おそ)れがあるのではないでしょうか。小さくてもその個性をできるだけ伸ばし、十分に生かせるかどうかで、人生の豊かさが決まるのだと思います。

小学生の私に、東浦先生が与えてくれたメッセージには、そういう意味が込められていたのでしょう。他人とくらべれば小さな個性でも、本人にとってはきわめて大きな価値を持っている。それを最大限に生かすことができれば、どんな人も自分らしい充実した人生を勝ち取ることができるということです。

だからこそ、子どもたちの向上心を引き出すためには、それぞれが個性を持っていることを気づかせてあげなければいけません。そして、その個性に自信を持てるように励まし、勇気づけることが必要なのです。

ところが、今の教育は、子どもたちに自信と勇気を与えるどころか、それを奪うようなことばかりしているような気がします。

たとえば小学校の運動会。昔はこれが、スポーツの得意な子どもにとっては一つの「晴れ舞台」でした。ふだん勉強ができなくて肩身の狭い思いをしていても、徒競走で一等賞になれば、その子は輝いている自分を実感することができるのです。

しかし最近は、徒競走に「順位」をつけない学校が多いと言います。トップでゴールインした子にもビリでゴールインした子にも、同じように「一等賞」の旗を渡したり、途中で差がついても、最後はみんなで手をつないで同時にゴールインさせたりする。いったい、いつからこんなバカげた運動会が始まったのでしょうか。

さきほども申し上げましたが、自分の才能や個性に自信を持てるようになるのは、それが他人から評価されたときです。いちばん速く走っても、「自分だけが一等賞」だと認めてもらえないのでは、自信が持てるわけはありません。

おそらく、脚の遅い子をビリ扱いしたのでは可哀想だ、という発想なのでしょう。しかしそれを言うなら、一等賞なのに一等賞だと認めてもらえない子だって可哀想です。自分だけが持っている個性に、目を向けてもらえないほど寂しいことはありません。

それに、ビリでゴールインした子どもを一等賞扱いすることが、ほんとうに本人のためになるかどうかも疑問です。脚が速いことが個性なら、脚が遅いことだってその人の個性だとは言えないでしょうか。

個性というのは「他人と違う性質」のことを言うのですから、いいことばかりとは限りません。人より得意なこともあれば、不得意なこともある。それはごく当たり前のことで、それをすべて引っくるめたものが、個性なのです。

いいことも悪いこともトータルに見なければ、その人の個性を認めたことにはならないと私は思います。

子どもの個性を大事にするというなら、不得意なことからも目を逸らしてはいけません。つまり、徒競走でみんなが並んでゴールインすることは、脚の速い子の個性がないがしろにされているのはもちろん、脚の遅い子の個性も踏みにじられているということだからです。

あえて極端に言えば、「みんなで一緒にゴールインしなさい」という指導は、「みんなで同じような人生を送りなさい」と言っているのと同じではありませんか。

自信を持たせる評価システムに

運動会だけでなく、学業成績のつけ方も、以前とは変わってきているようです。かつて公立小学校の通信簿は、三段階評価から五段階評価になり、そして最近は「大変よくできました」「よくできました」「もう少しがんばりましょう」の三段階評価にしている学校が多いと聞きます。その三段階も、それぞれ割合が決まっていて、いくらがんばっても、上位にできる子がいたら、「大変よくできました」との評価はもらえないのです。

それでは、「自分もやればできるのだ」という自信は芽生(めば)えません。

どんな能力にも、必ず個人差というものがあります。「個性」も「個人差」も基本的には同じ意味。個人差が見えないということは、個性が見えないということです。

したがって、能力の個人差を否定するような教育は、個性を否定する教育だと言って差し支えありません。今の教育は、これまで以上に、無個性な金太郎飴(あめ)集団を作ろうとしているようなものです。

「能力の低い子を差別するわけにはいかない」と言う人もいるでしょう。

でも、それは行きすぎた平等主義だと言わざるを得ません。人間を平等に扱うとは、機会を公平・公正（フェア）に与えることです。結果を同等（イコール）にすることではありません。

この「フェア」と「イコール」を混同したことが、個性を踏みにじる悪平等主義を生んでしまったのではないでしょうか。

結果をイコールにしようとしたのでは、子どもが自分なりの夢や目標を見失うのも無理はありません。ですから、まずは子どもたちに個性を発揮するチャンスを平等に与えることが大切です。すると当然、いろいろな場面で能力の個人差があらわになってきます。

でも、それは当たり前のこととして受け止めなければいけません。個人差を認めるのは「差別」ではなく、子どもが自分と他人を「区別」するために必要なプロセスだと思います。何度もくり返していますが、「自分は他人とここが違う」という自覚を持たなければ、自分らしい生き方を模索（もさく）することはできません。

これも前章で述べたことのくり返しになりますが、これまで日本は、全体を一律にレベルアップさせることを目指してきました。それが「自分の頭で考える力」を奪ってきたわけですが、これは同時に、個人の才能を花開かせるチャンスをも奪ってきたと言えるでしょう。ホームラン・バッターになれる素質を持った人にも、効率の良いアベレージ・ヒッターになるように指導してきたようなものです。

これは、独創的な人材を求める社会全体にとって、そして何よりも個性的に生きたいと願う本人にとって、大きな損失だと言わざるを得ません。したがって今後は、人と異なる意見や考え方を認めると同時に、能力に個人差があることを、みんなが当たり前のこととして受け入れられるような環境を整えるべきです。

算数が苦手な子もいれば、走るのが遅い子もいる。歌が下手な子もいれば、鉄棒の逆上がりができない子もいる。そういうデコボコがあるのが、人間の集団というものでしょう。そのデコボコを無理やり平らにならそうとする圧力ではなく、その中からかけがえのない「個」を見出そうとする、自由で伸び伸びとした空気が必要です。

そんな空気が、この国に流れるようになったとき、子どもの向上心は飛躍的に高まるのではないでしょうか。

褒めるべきことを本気で褒めよ

さて、その人が持っている才能を発見したら、こんどはそれを伸ばしてあげなければいけません。その第一歩は、相手の長所を周囲の人たちが褒めることでしょう。

先ほども申し上げたように、誰かに評価してもらわなければ、自分の得意なことは何なのか確信が持てません。「すごい才能がある」と褒められることで、人は自信を持ち、自らその才能を育てていこうとするのです。

本人にそういう意欲さえ芽生えれば、あとはそれほど苦労がありません。人間は熱気球と同じですから、周囲が放っておいても、才能は伸びていくのではないでしょうか。

ここで気をつけなければいけないのは、「褒める」と「おだてる」は違うということです。「褒める」は心から相手のためを思ってすることですが、「おだてる」の場合は、自分も何か得をしたいという打算が働いている。そこが大きな違いだと思います。

たとえば、相手のご機嫌を取って贔屓にしてもらうために、上司の仕事ぶりをしきりに持ち上げたりするのが、「おだてる」です。それで相手の心が動くと思っているのだとしたら、人の価値を認めているというより、ただバカにしていることにしかなりません。

だから、「褒める」は本心から出る行為ですが、「おだてる」は大した根拠もなく、本気でそう思っていないことが多いもの。よほど鈍感でないかぎり、おだてられた人は、決して本当に褒められているわけではないことに気づきます。

とくに子どもは、そういうことに敏感でしょう。それほど得意でもないことを「すごい、すごい」とおだてられても、自信にはなりません。むしろ、通り一遍のいい加減な扱い方をされていることを悟って、心が傷ついてしまうのです。

したがって、人を褒めるときは、本当に褒めるべきことを本気で褒めなければいけません。だからこそ、相手の持っている才能をしっかり見極める必要があるのです。「ひと山いくら」で見ているような人には、相手を正しく褒めることもできません。

これはよく言われることですが、今まで日本の学校や家庭、会社では、長所を褒めるよりも、短所を指摘することに重点を置いてきました。得意なことは放っておいて、苦手なことが得意になるよう指導する。それがいいことだと思われてきました。

たとえば子どもが学校から通信簿をもらって帰ってきたとき、親は成績の悪い科目のことばかりあげつらいます。4や5を取った科目のことを褒めようとせず、1や2を取った科目を指さして「こんどはこの科目をがんばろうね」と言うのです。

減点主義の評価方式がはびこってきたのも、そのためでしょう。飛び抜けて何かがよくできる人よりも、できないことの少ない人のほうが、高く評価される社会だったのです。その結果、自分の長所を伸ばすことよりも、短所を直そうと努力する人が多くなってしまいました。これでは、個性的な人材は育ちません。

苦手の克服は得意技を磨いてから

そもそも私たち人間は、人から指摘されるまでもなく、自分自身の短所に目が向きがちです。自分の長所よりも、「自分ができないのに他人ができること」が気になってしまう。たとえば語学が苦手な人は、同僚が何の苦もなく外国語を話すのを見て劣等感を抱き、そのことばかり考えます。

たとえ同僚にできなくて、自分には苦もなくできることがあっても、そちらのことは忘れて「自分はダメだ」と思ってしまう。そこに輪をかけて「どうしておまえは語学ができないんだ」などと上司から言われれば、自信を失うのも当たり前でしょう。

自分にも得意技があることはすっかり忘れていますから、自信を取り戻すためには、外国語を話せるようになるしかありません。こうして、ひたすら短所を直すことに時間と労力を費やすようになるのです。

もちろん、短所を直すこと自体は決して悪いことではありません。しかし、短所を直すことにばかり気を取られて、長所を伸ばすことが疎かになったのでは、かえってマイナスのほうが大きくなってしまいます。

話を単純化して、ある人に「プラス五」の長所があったとしましょう。それに対して、短所は「マイナス一〇」です。プラスマイナス・ゼロが全体の平均点だとすると、これまでは、「マイナス一〇」の短所をプラスマイナス・ゼロのところまで引き上げさせようとするものでした。

でも、短所というのはそう簡単に伸びないから短所になっているわけで、高めるには時間がかかります。しかも、マイナスを埋めようと苦しんでいるあいだ、長所のほうはプラス五のまま止まっている。下手をすれば、脇に置いているあいだにプラス四、プラス三ぐらいまで減ってしまうかもしれません。一〇あったマイナスをゼロまで引き上げることができたとしても、トータルでプラス五以上にはならないのです。

もし、ここでとりあえずマイナスはマイナスとして脇に置いておき、長所を伸ばすことに時間と労力を割いたらどうなるでしょう。

長所は本人も得意にしていますから、努力にもさほど苦痛は伴いません。やればやるほど、才能はグングン伸びていきます。マイナス一〇の短所をゼロにするのと同じ時間で、プラス二〇、いやプラス三〇まで伸びるかもしれません。

そうなれば、マイナス一〇の短所がそのまま残っていたとしても、差し引きプラス二〇です。どちらが本人のためになるかは、言うまでもないでしょう。

それに、同じ努力でも、マイナスを埋めるよりは、プラスをさらに伸ばしていくほうが楽しく、やり甲斐もあるはずです。先にそちらを経験させれば、その人は努力して自分が伸びていくことのすばらしさを実感できる。その味を覚えてからマイナスを埋める作業に取りかかったほうが、あまり苦しまずに短所を直せるのではないでしょうか。苦手の克服は、自分の得意技を十分に磨き上げてからでも遅くはないのです。

スペシャルなゼネラリストを目指せ

得意なことや好きなことばかりやらせていると、偏(かたよ)った人間になってしまうのではないかと心配する人もいるでしょう。視野が狭くなって、好きなこと以外は目に入らなくなり、幅広い豊かな世界観を持てなくなってしまう、というわけです。

でも、考えてみてください。たとえばバイオリニスト、スポーツ選手、将棋指(しょうぎさ)しなど、その道を極めた一流の人たちというのは、総じて立派な人格を持っているものです。ほとんどの場合、子どもの頃から勉強そっちのけで一つのことばかりやってきたに違いありません。にもかかわらず、実に豊かな世界観を持っている。寄付やボランティア活動など、社会に貢献(こうけん)しようとする姿勢も持ち合わせています。

もちろん、たとえば算数の得意な子どもが算数ばかり熱心に勉強したからといって、必ずしも世間で「一流」と呼ばれる人物になれるとは限りません。「得意分野を磨く」ことと「一流の人間として成功する」ことは、また別の話です。

しかし立派な人格を備(そな)えた一流の人たちを見れば、少なくとも、ひたすら得意分野を磨き上げたからといって「偏った人間」になるわけではない、というのは明らかでしょう。人間としての大きさや懐(ふところ)の深さといったものは、いろいろなことに万遍(まんべん)なく手を出すことで身につくものではありません。

むしろ、一つのことを深く掘り下げていくことによって人間性も深みを増し、幅も広がるのではないでしょうか。昔から「一芸は百道に通ず」という言葉もあるとおり、まっしぐらに一つのことを追求していると、視野が狭くなるどころか、逆に他の世界のこともよく見えるようになるものです。

一つの道を極めようとするとき、そこから学ぶのはその世界のことだけではありません。たとえば一流のバイオリニストは、ただ練習によって高度な演奏テクニックや表現力を身につけただけでなく、そういう高いところへ到達するために必要な考え方、態度、精神力、人とのコミュニケーションの方法といったことも身につけているのだと思います。

そして、それは音楽の世界だけで通用するものではありません。対談などで、各界の鬼才と呼ばれる方たちとお会いする機会があるので、つくづく感じますが、どんな世界であれ、高いところまで上り詰めた人たちが共通して持っているものです。

だから、一流の音楽家は、たとえば一流のスポーツ選手のこともよく理解できる。音楽とスポーツでは水と油だと思われるかもしれませんが、そういう人たちが会ったとき、話が合わないなんていうことは決してありません。

住んでいる世界はまったく違い、子どもの頃から似ても似つかぬ人生を送ってきたはずなのに、会って少し話をしただけで、相手の考え方や感じ方が手に取るようにわかってしまう。そういうものではないでしょうか。一流は一流を知り、本物は本物を知る、ということです。

今後、一般のビジネス社会でも、一芸に秀でたスペシャリストが力を持つようになることは間違いありません。今までは何でも万遍なくこなせる金太郎飴的なゼネラリストがビジネスを動かしてきましたが、そういう時代は終わりました。

これからは、分野の違うスペシャリスト同士が、お互いを認め合いながら、協調して新しいものを作っていく時代です。本物は本物を知っているからこそ、異分野の相手と一緒に高いレベルで共同作業ができる。それが桃太郎軍団の強みです。

スペシャリティを持たない、すべて平均点のオールラウンド・プレイヤーは、そのレベルについていけなくなるかもしれません。プロの音楽家は、プロのスポーツ選手を理解しますが、アマチュア選手はプロ選手に必要な発想や生き方を理解できないからです。

もっとも、今私はかなり極端な話をしているのであって、さまざまな分野に通じているゼネラリストがまったく不要になると言っているわけではありません。

どれだけプロの演奏家を集めても、指揮者がいなければオーケストラとして機能しないのと同じで、スペシャリストを揃えた桃太郎軍団にも、全体の動きをコントロールするプロデューサー的な存在は不可欠でしょう。そういうゼネラリストがいなければ、その集団は単なる「船頭(せんどう)の多い舟」になってしまいます。

ただし、プロ集団の船頭はプロにしか務(つと)まりません。ほとんどアマチュアの指揮者が一流のオーケストラのコンサートでタクトを振ることはできないのです。無難なだけのオールラウンド・プレイヤーは、ゼネラリストとしての役割を果たせないでしょう。

したがって、これからはゼネラリストとして生きていくにも、それなりのスペシャリティが求められる。矛盾(むじゅん)した言い方になりますが、いわば「スペシャルなゼネラリスト」だけが、プロのスペシャリスト集団を動かすことができるのです。

これまでのゼネラリストはほとんど「無芸」でしたが、今後はゼネラリストであることは、一つの「芸」のレベルにまで達していなければいけません。つまり、誰もが「一芸に秀でたプロフェッショナル」を目指すべき時代が来たのです。

結果を焦って「才能」を決めつけてはいけない

ですから、その人の個性に合わせて得意技を磨き上げることを、ためらう必要はありません。「バランスが悪くなる」と思う人もいるでしょう。でもバランス感覚というものは、一つのことに本気で取り組んでいれば、何をやっていても自然に身につくと思います。

ただ、得意分野を伸ばすのは大変いいことなのですが、そこで一つ釘を刺しておきたいこともあります。それは、結果を焦ってはいけない、ということです。

とくに自分の子どもに対しては、この点に気をつけなければいけません。愛するわが子の個性や才能に注目しない親はいないでしょう。

「こんな自分の遺伝子を受け継いでるんだから、大したことはないだろう」と謙虚な思いを抱きながらも、一方で「でも、ひょっとしたら物凄い才能を持っているかもしれない」と期待するのが、親心というものです。

だから、ちょっとでも才能の芽が見つかると、それを一生懸命に育てようとする。それは大いに結構なのですが、あまり子どもに期待をかけすぎるのも良くありません。思ったほどのペースで才能が伸びないとなったときに、親のほうが勝手に「やっぱり、それほどの才能はなかったんだ」と決めつけ、ギブアップしてしまうことがあるからです。

いつの頃からか、「早期教育」という言葉が広まり始めたことも影響しているのかもしれません。どうも最近の親たちは、子どもに対して急ぎすぎる傾向があるように思えてなりません。

幼稚園に入る前から各種の幼児教室に通わせたり、もっと気の早い人は生まれる前から某有名小学校に入学させるための「お教室」に行ったりしているとも聞きます。

もちろん、そういった早期教育に全く意味がないとは私も思いませんが、もしそれをやっている親が「今、才能を見つけて磨いておかなければ手遅れになってしまう」などと考えているのだとしたら、これは問題です。

たしかに世の中には、幼い頃から本格的なトレーニングをしないとモノにならない分野もあるでしょう。それこそ、これまでも例に挙(あ)げたバイオリンや将棋などは、小学生ぐらいで素質の有無が見極められてしまうような面もあります。

でも、それはむしろ例外的なもの。ふつうは、才能の発見や向上をそんなに焦る必要はありません。人間の才能は、いつ、どんなきっかけで開花するかわからないものです。

たとえば小学校時代に理科が苦手だった子どもが、中学や高校に進んでから魅力的な教師に出会って理科の楽しさを知り、技術者の道を歩み始める——といったようなケースはいくらでもあるでしょう。

それどころか、大学を出て社会人になってから急に小説を書き始め、作家としてデビューする人もいます。ちなみに、大作家として知られる松本清張（まつもとせいちょう）さんは、デビューしたときすでに四〇歳を過ぎていました。何歳になっても才能が芽を吹く可能性はあるわけで、だからこそ後で述べるような生涯教育も必要になってくるわけです。

ですから、子どもの才能は長い目で見なければいけません。焦って早期教育に血眼（ちまなこ）になるよりも、「促成栽培で本物は育たない」ぐらいに思っていたほうがいいのではないでしょうか。思ったほど早く伸びなくても、親としては粘（ねば）り強くつきあうことです。

そして、仮にある分野で才能が見出せなくても、いちいち落胆（らくたん）しないこと。人間の才能は、たった一つと決まっているわけではありません。

「こっちがダメなら、あっちはどうだ」という柔軟性を持って、楽天的に子どもと接するべきだと思います。

無理なメッキはすぐに剝がれる

また、これは前にも申し上げましたが、個性や才能はその大きさが大事なのではありません。大きな才能の持ち主だろうと、小さな才能の持ち主だろうと、それをフルに生かして「自分らしい人生」を充足させることができれば、それでいいのです。

たとえば語学の得意な人がいたとしても、その人が常にいちばんとは限りません。その人より、もっと語学の達人はいるでしょう。

でも、だからと言って、その人に語学の才能がないということにはなりません。他人との比較ではなく、その人の中では何がいちばん得意かということだからです。他人と競争して「一番」になれるものはなくても、自分の中で「一番」の得意技は誰にでもある。だからこそ、「すべての人は何らかの才能を持っている」と言えるわけです。

おそらく、早期教育に血道を上げ、結果を焦って子どもを追い立てている親は、わが子に誰よりも「大きな才能」を求めているのではないでしょうか。

その心情はわからなくもありませんが、これは必ずしも子どもの「個性」を大事にしていることにはなりません。小さいかもしれないけれど、その子にとっては「一番」の才能を見ようとしていないからです。

私は最近、ともに警察刷新会議のメンバーに名を連ねている弁護士の中坊公平さんと対談本を作りました。彼も私も京都の生まれで、実は遠い親戚でもあるのですが、子ども時代に出来が悪かったという点でも二人は似ていたようです。そのため、その本のタイトルも『僕らは出来が悪かった!』(財界研究所)になっています。

その対談の中で、中坊さんからこんな話を聞きました。あまりにも成績の悪い中坊少年のことを案じた小学校の先生が、彼のお父さんを学校に呼んだときのことです。

「あなたのご子息は成績が悪すぎる。ご両親ともかつて学校の先生をしていたのだから、勉強を教えられるはずです。ご両親で、子どもの教育をしてくれませんか」

そう頼み込んだ先生に対して、中坊さんのお父さんはこう答えました。

「あんたは何も心配してくれなくていい。成績表に『丙』をつけたかったら、どんどんつければいい。残念ながら、たしかにうちの子は、あらゆる意味で劣っているから、金ではなくて鉄なんだろう。その鉄を家でちょっと教育すれば、すぐに金メッキをすることはできる。でも、その金メッキは、じきに剝げてくる。そのときに、この子はいちばんの不幸に陥る。

うちの子は鉄なんだから、自分でも鉄だということをわかった上で、どう生きていくかということを考えさせていきたい」……。

　これについて中坊さんは、「親父はおそらく、出来も悪いし体も弱い、そういう僕をありのままに認めたんですね。出来が悪いなりに自立して、自発的にやっていけと……、体が弱いなりに自分の足で立って、自分でやっていけと……。怒ったりして無理やりにやらせるのではなく、僕をそのまま認めて、自分の力でやらせようとした。僕にそういう教育をしたのではないかと思います」とおっしゃっていました。

　私は、これこそが子どもの個性を大事にする教育だと思います。自分という人間を「ありのままに」認められることほど、本人に勇気を与えるものがあるでしょうか。

　鉄は鉄のまま生きるしかない。でも、鉄には鉄の価値があるし、生き方もある。メッキをして無理に金のような生き方をするよりも、鉄は鉄としての生き方を貫いたほうが本人にとって幸せなのだ、というわけです。

　そして中坊さんは、「自分は鉄だ」という自覚を持って、自分らしい生き方に徹し続け、結果的には今の日本になくてはならない「金」のような人物になりました。森永砒素ミルク中毒事件から始まる中坊さんの仕事ぶりを見てみると、たしかに「メッキ」のような部分は一つも見当たりません。

要するに、もっとも大切なのは、「何がその人にとって幸福なのか」ということを真剣に考えることなのでしょう。親が躍起になって「あれもこれも」と押しつけても、その多くは「メッキ」にしかなりません。そして、無理に施したメッキはやがてその人を不幸にしてしまう。メッキというのは「もともとの素材＝個性」を覆い隠してしまうのですから、それも当たり前です。

これまで日本では、「社会が必要とする人材」を育てることを目的にしていました。しかし時代が変わり、個性的な才能を持ったスペシャリストが求められるようになった現在、この考え方は少し修正する必要がありそうです。

今までは、いわば「社会全体の質」を高めるのが目的でした。でも、個人の才能を発見して伸ばしていくためには、社会よりもまず本人の「人生の質」を高めることを考えなければいけません。

その人にとって何が幸福なのかを追求することによって、本人の才能が向上し、それが結果的に社会で役に立つ。社会が求める人材を供給することが大切であることに変わりはありませんが、それが今後は「目標」ではなく、「結果」になるわけです。

国のためではなく、個人個人が自分なりの夢や目標を持てるようになったとき、国全体にも豊かで明るいビジョンが開けるのではないでしょうか。

第三章　教育はどこにでも転がっている

才能を引き出すのが「エデュケーション」

これまで見てきたように、新しい時代に対応した人材を育成するためには、かなり大きな発想の転換が必要になります。

「自分の頭で考える人間」を育てるにしても、「個人の才能を発見して伸ばす」にしても、従来のイメージを覆さなければ、実現できません。つまり、今はチマチマとした小手先の改革ではなく、教育観そのものを根本から問い直し、まったく新しいイメージを形作ることが求められているのです。

とはいえ、それは見たことも聞いたこともないような、画期的なものではありません。むしろ、もともと教育が持っていた本来の意味合いを見つめ直すべきでしょう。

では、教育が持つ本来の「意味」とは何でしょう。

教育は、英語で「エデュケーション(education)」と言います。これは、もともと「引っぱり出す」という意味の言葉。その人が持っている潜在能力や才能を引き出すのが、本当の役割だということです。

私はなにも、欧米の価値観がすべて正しいと言いたいわけではありません。しかし少なくとも、これが私たち日本人が「教育」に対して抱いているイメージとずいぶん違うものであることは間違いないでしょう。そして、これまで私が述べてきたような教育のあり方は、この「エデュケーション」のイメージにぴったり当てはまります。

教育という言葉を目にしたとき、おそらく多くの日本人は、外側から知識や能力を相手に「授(さず)ける」ようなイメージを思い浮かべるのではないでしょうか。つまり、「引っぱり出す」という本来の意味合いとは、ベクトルがまったく逆なのです。

そういうベクトルで教育をする場合、極端に言うと、教育を受ける子どもたちは、そのままでは何の役にも立たない鉄の塊(かたまり)のようなもの。それを、熱したり叩(たた)いたりして形を整(ととの)え、さまざまな加工を施(ほどこ)すことで、機械の部品として使えるように仕立て上げるのが、これまでのイメージです。

そうやって、生きていくために必要なものを「与え」たり「付け加え」たりするのが、教育だと思われてきました。

でも、人間は無個性な金属の塊とは違います。生まれたときから、何かになろうとする力を持っている。それを引き出すのが、教育の原点だと思います。

もちろん、たとえば文字の読み書きや計算能力などは、外から知識として与えなければ身に付きません。しかし、それにしても、鉄の塊を変形させるのと同じ作業ではない。どの子どもにも、言葉や計算方法を身に付ける能力がはじめから備わっていると考えるべきでしょう。そうでなければ、とくに教えているわけではないのに、幼児が言葉を喋るようになるはずがありません。

鉄は、人間の力で、無理やり自動車やパソコンや冷蔵庫の部品に変形させられています。しかし人間は自分自身の中に、その力を秘めている。だとすれば、あらゆる教育は「付け加える作業」ではなく、「引き出す作業」だと言えるのではないでしょうか。

一律に全体をレベルアップさせることを目指していた時代なら、「与える」「付け加える」でも、ある程度の成果を上げることができたかもしれません。全員に同じ「制服」を着せるようなものですから、効率も良かったでしょう。

しかしこれからは、一人ひとりの「個」に注目し、それぞれの人生の質を高めることが必要となります。

これまでが全員に押しきせの「制服」だったとすれば、これからは相手に合わせたオーダーメイドの「私服」が求められる。何が似合うかはそれぞれ違いますし、Ｌ・Ｍ・Ｓといった既製のサイズだけ用意したのでは、全員の体型にうまくフィットするとは限りません。

着心地の良い洋服を仕立てる職人は、「あなたにはこれが似合う」などと押しつけることなく、本人の好みをじっくり聞き、細かく採寸をするなどして、顧客からいろいろな情報を引き出します。まず「引き出す」ことが大事なのは、教育も同じでしょう。「エデュケーション」の原点に立ち返らなければ、多様な才能を持った「個」を育てることはできないのです。

「上下関係」を覆せば「信頼関係」ができる

もしかすると、そもそも「教育」という言葉自体が、「エデュケーション」と逆のベクトルを生む要因になっているのかもしれません。「教え育てる」と書くのですから、「何も知らない子どもに知識や能力を与えるのが教育だ」というイメージになるのも無理はないでしょう。そこからは、相手から何か「引き出す」という発想は出てきません。

しかし教育をそういうイメージでとらえていると、一人ひとりの「個」に目が向かなくなるだけでなく、もう一つ別の弊害が生じます。「教え育てる」側と子どもの間に、有無を言わさぬ上下関係ができてしまうのです。

教育が「与える」ものだとすれば、どうしても教師のほうが子どもたちよりも「上」の立場ということになります。教師のほうがすべてを持っていて、それを何も持っていない子どもに伝授する。これは、ずいぶん思い上がった態度だと言わざるを得ません。教師は、全知全能の神様ではないのです。

もちろん、そんな思い上がりと無縁な立派な教師も世の中には大勢おられます。でも、まるで何かの家元にでもなったような気分で、一段高いところから子どもを見下ろすように仕事をしている教師が少なくないことも、事実だと思います。

家元制度というのは、おそらく日本特有のもので、すべての知識やノウハウは家元の頭の中にある。それを弟子たちに口伝するわけで、そのため誰も家元には頭が上がりません。だからこそ強固なヒエラルキーが成立するのです。

伝統的な「型」を脈々と受け継いでいくのならば、それも有効なやり方の一つでしょう。しかし何度も申し上げているとおり、現代社会に求められているのは、型にはまった人材を大量生産することではありません。文字通り「型破り」な個性を大事にしなければいけないのです。いくら日本特有の文化とはいえ、そういう、個性を排除するようなシステムを教育現場に持ち込むことはできません。

新しいものを生み出す創造性が求められている現在、もしこうした家元制度的な発想が教師の頭の中にあるとしたら、本来の「エデュケーション」など、絵に描いた餅（もち）に終わってしまうことでしょう。教育のイメージを根本から変えようとすれば、まず教師たちの意識改革が必要になることは言うまでもありません。

これは前著『人材論』（小社刊）でも申し上げたことですが、私は以前から、職場の上司と部下の間に上下関係はない、と考えてきました。それぞれ「上」「下」という文字はつくものの、上司と部下は基本的にはフラットな関係であるべきだと思います。

たしかに外見上、会社というのはピラミッド型の組織になっていますが、肩書きや職位が上だからといって、その上司の能力が部下よりも高いとはかぎりません。

どの会社もそうだと思いますが、部長よりも仕事のできる課長はいくらでもいます。しかし、だからといって、その課長が部長になるべきだということはありません。それとこれとは、話が別。能力の高低とは関係なく、部長には部長の役割があり、課長には課長の役割があるという、ただそれだけのことです。

能力の高い課長に気持ちよく仕事をしてもらって、それが会社の業績アップにつながっているなら、その上司である部長は十分に自分の役割を果たしていると言えるでしょう。

それがわかっていない人は、部下を持つ立場になったとたんに、自分が高い能力の持ち主だと錯覚(さっかく)して、本来の役割を忘れてしまう。とくに、「部下の能力を見極めて適材適所の使い方を考える」という、もっとも大切な役割が果たせなくなります。

相手の力量を正しく判断するには、同じ人間として対等なつきあい方をしなければなりません。「自分のほうが上」という思い上がった態度で部下を見下(みくだ)していると、相手の個性や才能がまっすぐに見られなくなってしまうのです。

ある意味では学校の教師も、その役割は、部下を持つビジネスマンと似たようなもの。教師よりも高い潜在能力を持った子どもはいくらでもいます。高いところに立って、「教えてやる」「与えてやる」という態度で生徒とつきあっていたのでは、相手の能力や才能を引き出すことはできず、オーダーメイドの教育もできません。

もちろん、そうは言っても教師は大人で、学生や生徒は子どもですから、両者の関係は「友達」とは違うでしょう。人生経験にも知識量にも差があるわけで、まったく対等な関係だとは言いません。教師にある種の威厳(いげん)のようなものがなければ授業は成り立たないでしょうし、子どもから一定の敬意を払われることも必要だとは思います。

ただし、子どもが威厳を感じたり、敬意を抱いたりしたとしても、教師が彼らより「上」ということではありません。それは、自分の才能を引き出してくれる相手に対する「信頼感」のようなものだと言ったほうがいいでしょう。

どんな関係であれ、人間同士がつきあっていくときには、相手に対する信頼感が必要です。そこには上も下もありません。上司も教師も、人間として信頼されなければ、その役割を果たすことはできないのです。

そして、肩書きや職位だけで自分が偉くなったように勘違いするような人間は、誰からも信頼されません。「おまえは部下なんだから、上司である私のことを敬え」などと言う前に、部下から信頼されるような人間性を身につけるべきです。

「対話」がその人の主体性を引き出す

ともあれ、「上」から「下」へ与えるだけの一方通行の教育は、もはや時代遅れのものだと私は思います。私自身、大学で学生を相手に講義をすることがあるのですが、絶対に自分から一方的に喋るようなことはなるべくしないようにしています。最初から最後まで、質疑応答形式で進めていきたいのです。

いきなり、「このテーマについて、何か質問は？」から始めるのですから、一方的に与えてもらうことが授業だと思っている人には、かなり非常識なものに見えるかもしれません。ふつう、その台詞（せりふ）は授業の終わり際に出るものだからです。

でも、教育の本質が「引き出す」ことにあるのだとすれば、これは決して間違ったやり方ではないと思っています。

相手が受け身の姿勢で座っているだけでは、そこから何かを引き出すことはできません。相手から何かを「引き出す」といっても、人間の才能の場合は、机やタンスの引き出しを開けるようなわけにはいかないからです。

引き出しを開けるのは、あくまでもその人自身。そこで私にできるのは、相手が引き出しを開けやすいような環境を与えることでしょう。私は学生に質問をさせることで、彼らが自分の頭で考え、自ら引き出しを開けるように仕向けているわけです。

もっとも、これは大学の授業だからできることであって、たとえば小学校の算数の授業で通用するスタイルではありません。当たり前のことですが、かけ算の九九（くく）を教えるのに、

「何か質問は？」で始めろというのは無理な相談です。

でも、だからといって一方通行の教え方でいいというわけではありません。最初から最後まで質疑応答で進めることはできないとはいえ、どこかで多少なりとも、相手が自分の引き出しを開けるチャンスを作ることは、できるのではないでしょうか。

授業を一方通行に終わらせず、学生が能動的に授業に取り組めるような環境を与えるようにする。そのために心がけるべきなのは、「対話」だと思います。私が質疑応答という形にこだわっているのも、学生との対話を大切にしたいからです。

たとえば軍隊のように明確な上下関係のある集団の場合、そのコミュニケーションは「命令」と「服従」という形になります。それを学校でやったのでは、学生は自分で考えるようになりません。

学生の主体性を引き出すためには、教師との間で風通しのよい「対話」が成り立つような、フラットな関係が必要です。そして、対話を通じて何かを引き出されるのは、学生だけではありません。

たとえば、思いがけない質問を受ければ、教師のほうも刺激を受けて、今まで考えなかったことを考えるようになる。お互いに相手から多くのものを引き出し合うことができるのが、対話のいいところです。

教育も「顧客のニーズ」に合わせて

これまで医者と患者の関係は、完全に上下関係だったと言ってもよいでしょう。病院の診察室では、医者が「全知全能の神様」のような存在です。

患者のほうは、医者の見立てを受け入れ、言われたとおりに薬を飲んだり検査を受けたりするしかない。最初に問診がありますから、患者が喋る機会がまったくないわけではありませんが、それ以外は情報の流れが一方通行です。そこに、「対話」はありません。

しかし医療の世界でも、こういう患者とのつきあい方が見直されようとしているようです。医者が一方的に指示を出すだけでは、ほんとうに患者のためになる治療にはならないのではないか、と考える人が増えているのです。

たとえば糖尿病や高血圧などの成人病は「生活習慣病」とも言われ、食生活をはじめとするライフスタイルの改善が重要になります。そこで医者のほうは、「煙草をやめなさい」「規則正しい生活を送るように」「お酒を控えなさい」といった指示を出すわけですが、そのとおりに実行できる患者はあまりいません。仕事などの都合で、そういう健康的な生活が送りにくいから病気になってしまったわけですから、変えるのはそう簡単ではないのです。ですから、治療効果を上げるためには、通り一遍の指示ではなく、患者それぞれの都合や性格に合った改善プランを考えなければいけません。

　仕事上のつきあいで、どうしてもお酒を飲まなければならないなら、そのぶん、食事の制限をより厳しくする。どうしても煙草がやめられないなら、なるべく本数を減らせるようなアイデアを与えたり、その代わりに運動のメニューを多くする。

　そういう具合に、患者が実行できる範囲の指示を与えるのです。「あれもこれも」と無理な指示を出して何一つ実行できないよりは、できることから確実にやってもらうほうがいい、という発想からなのでしょう。

　そして、そういう指示を出すためには、患者との「対話」が欠かせません。患者の話にじっくり耳を傾け、相手の事情をよく理解した上で、それに合った治療法を考える。有無を言わさず「こうしなさい」と上から下に命令するのではなく、お互いに自分の意見を出しながら、治療法を相談するわけです。

　医療にしても、いわば「サービス」を提供する仕事です。旅行業にしろ、飲食店にしろ、今まではどんな業界でも画一的なサービスを提供するだけで商売になりましたが、もう、そういう時代ではありません。それぞれの顧客の要求に合わせた、多様なサービスを提供しなければ、生き残れないのです。

多くのサービス業者が、マーケティングによって顧客のニーズをつかもうとしているように、医者も顧客である患者の「ニーズ」を知る努力をするべきでしょう。サービスを提供する側が相手よりも「上」に立ったり、一方的に情報を与えるだけでよしとしていたのでは、相手のためになるサービスは提供できません。

教える側と教わる側の共同作業

つまるところ、これまでに欠けていたのは、「教わる側の立場になって考える」という発想だったのではないでしょうか。だから、対話が生まれない。相手の立場で物事を考えようとすれば、まずは相手のことを理解しなければならないわけですから、自然に対話を求める気持ちが生まれるはずです。

ビジネスに限らず、人間と人間がいっしょに何かをやっていこうとするとき、私たちは常です。

に「相手の立場で考える」ことを求められます。お互いに意思や欲望を持って生きているのですから、対話なしに物事を進めることはできません。考えてみれば、実に当たり前のこと

　ところが、その当たり前のことが教育の現場では軽んじられていました。教育は教える側と教わる側の共同作業であるはずなのに、その共同作業に不可欠なコミュニケーションがあまり行われていないというのは、不思議なことです。

　そうなってしまったのは、まず教えるということが「共同作業」であるという認識が薄かったことが一つの原因でしょう。

「教え育てる」というイメージのせいで、「教える側さえしっかりしていれば教育はうまくいく」という一面的な見方がはびこってしまったのではないでしょうか。

　さらにもう一つ、コミュニケーションが失われた背景には、教わる側を一人の人格として人間扱いしていなかったという面もあるように見えます。

「人間扱いしていない」とは些か不穏な表現ではありますが、たとえば社員教育のときに実際、自分と同じ一人の人間として新入社員を見ようとしない人たちは、まだ少なくありません。むしろ、まだ人間になっていない相手を、自分の力で「人間にしてみせる」という傲慢

な気持ちで仕事をしていた人が少なくないのではないでしょうか。

たしかに、新入社員は一人前の社会人とは言えません。言うまでもなく、未熟だからこそ教育が必要なのです。でも、未熟だからといって、人間でないなどと言えるわけがないでしょう。

少なくとも入社するには、不安定であるにせよ、人間らしい自我を獲得しています。自ら伸びようという向上心もあれば、それぞれ違った好奇心もあるのです。

それに目を向けず、ただ一方的に知識を伝授しているだけでは、相手を人間として扱っているとは言えません。

よく「人間教育」などという言葉を使う人がいます。それだけでは何が言いたいのかよくわからない、意味のあやふやな言葉ですが、もし「人間教育」なるものがあるとすれば、そこで何よりも大切なのは、まず一人の人間として見ることでしょう。それがなければ、何も始まりません。

相手を一人の人間として見れば、共同作業として社員教育を行っているという意識も芽生えるはず。そうなれば、お互いに理解し合うために、対話が始まります。あらゆる共同作業がそうであるように、教育の原点も、対話による「相互理解」なのです。

たとえば孔子の『論語』も、弟子たちとの対話で成り立っています。孔子が一方的に何かを教えるわけではありません。そもそも「論語」という言葉自体が、「対話」という意味だそうです。対話によって相互理解を深め、お互いの思想や生き方を高めていく。そう言えばソクラテスも、弟子たちとの対話によって自らの哲学を高めていきました。

したがって、向上心を失った人間に社員教育は務まりません。

「自分はすでに人間として完成している」などと思い上がり、成長することをやめてしまった人間に、他人を成長させることができるでしょうか。私はできないと思います。成長をやめた人間は、他人に刺激を与えることができないからです。

これまで、ベクトルは教える側から教わる側へ向かう一方通行が多かったと思います。すでに述べたとおり、これからは反対に能力や才能を引き出すベクトルが求められます。そして、そこにもう一つ付け加えるならば、「上」に向かうベクトルがほしい。

古い力と新しい力が互いに刺激を与え合い、支え合いながら、いっしょに「上」へ向かっていくようなイメージを持つことが大切だと思うのです。

私が町の人々から学んだ商人道

私たちが暮らしている「町」も、いろいろなことを学べる大きな場になります。人々が触れ合いながら実生活を営(いとな)んでいる町には、さまざまな対話が溢(あふ)れている。それだけで、町は人に多くのことを学ばせてくれる生きた教材だと言えるでしょう。

私自身、子どもの頃には、自分の住んでいる町からさまざまなことを学びました。

私が少年時代を過ごしたのは、京都の出町(でまち)という土地です。そこには私の家も含めて数軒の布団(ふとん)店があり、その環境が、初めて私に商売に必要な心構えを教えてくれました。というのも、そこにはかなり独特な雰囲気があったからです。ふつう、同じ場所で何軒も同業者が商売をしていれば、お互いに足の引っ張り合いをしても不思議ではないでしょう。足を引っ張らないまでも、ライバル同士で火花を散らして、決して仲良くはできないものです。

ところが私の住んでいた町には、そういうせちがらさが少しもありませんでした。お互いに協力し合い、切磋琢磨(せっさたくま)していこうという気持ちで、みんなが商売に励(はげ)んでいたのです。ですから、商売敵であっても、他の店の悪口は絶対に言いません。仲良くして、ふだんから情報交換に努めます。

商品の値段を無闇に下げたり、口先でお客さんを騙すようなことをして競争に勝とうとする店もありませんでした。競争するなら、あくまでも品質の良さで勝負しなければいけないという、フェアな精神に満ちていたのです。

子どもの私に、誰かが「商売とはこういうものだ」と言葉で教えてくださったわけではありません。でも、自分の親や、近所のおじさんたちの仕事ぶりを見ていれば、どういう気持ちで商売をしているかということは、子どもにもわかります。言葉はなくても、そこには実に雄弁な「対話」があったわけです。

もちろん、子どもの頃に「自分も大人になったら、こういう商売人になろう」などという自覚があったわけではありません。しかし振り返ってみると、私の「商人道」の基本はあの町で身につけたものだということがわかります。

たとえば私は、アサヒビールの社長になったとき、キリンさん、サッポロさん、サントリーさんといったライバル会社のトップたちのところへ出向き、アドバイスを求めました。

競争相手に向かって、「アサヒはどうして売れないんでしょう」「どうすれば業績が回復すると思いますか」などと質問したのですから、非常識といえば非常識です。

そんなことが平気でできたのは、やはり子どもの頃に学んだ商人道のお陰でしょう。同業者が助け合うのは、私にとって当たり前のことだったのです。

結果的に、ライバル会社の人々から貴重なアドバイスをいただくことができ、それもあってアサヒビールを立ち直らせることができたのですから、大切なことを教えてくれた出町には、いくら感謝しても、し足りないぐらいです。

私にとって、あの町は最高の「教室」でした。

思いやり精神を教えてくれたお年寄り

私が京都の町から学んだのは、それだけではありません。

当時、町に住むお年寄りたちが、口を酸(す)っぱくして子どもたちに言い聞かせていたことがあります。それは、「夜に墓参りをすると早死にするぞ」というもの。だから墓参りは昼間にしなさい、夜になってから墓地に行ってはいけませんよ、というわけです。

豊かな時代に育った今の人たちには、どうしてお年寄りがそんなふうに子どもを脅(おど)かすようなことを言ったのか、理解できないことでしょう。まさかお化けが出るわけでもあるまいし、夜の墓地に行ったからといって、何がいけないのかわからないと思います。

でも、これは単なる迷信ではありません。もちろん、「早死にする」というのは一種の方便で、夜に墓参りをしたからといって寿命が縮まるわけではありませんが、そう警告して夜の墓地に人を近づけないようにするのは、たいへん意味のあることだったのです。

今はそうでもないかもしれませんが、当時、墓参りの際は必ず故人の好きだった食べ物や飲み物をお供え物として持っていきました。では、墓前に供えた食べ物は、その後どうなるのか。翌日の朝には、まず間違いなく無くなっています。食べるもののない貧しい人たちが、夜のあいだにそれを食べて飢えをしのいでいるからです。

昔の人々は、今よりも頻繁に墓参りをしていました。このごろは年に一度だけ、故人の祥月命日にだけ墓参する人が大半ですが、私が子どもの頃は、みんな月命日にもお供え物を持って墓参りをしていたのです。

そのため、たくさんのお墓が立っているお寺には、いつも必ず何かしらの食べ物が供えられていました。単純計算すれば、今の一二倍あったことになります。貧しい人々にとっては、実にありがたいものだったことでしょう。なにしろ、生活保護のような社会保障制度のない時代の話。墓参りのお供えは、一種の社会福祉になっていたわけです。

むろん、お供え物を置いてくる人々も、それが結果的に人助けになっていることを知っていました。直接的に施し(ほどこし)を与えるのではなく、そうやって間接的に手助けをするあたり、実に日本人らしい奥ゆかしさが感じられます。

そして、世の中にそういうシステムが必要だったからこそ、「夜に墓地へ行ってはいけない」という暗黙のルールができました。もし子どもが夜に墓地へ入っていけば、貧しい人々はお供え物に手を出しづらくなってしまうでしょう。食べているところを見られて、恥ずかしい思いをしてしまうかもしれません。

それは気の毒だし、せっかくの社会福祉が生かされなくなってしまうので、お年寄りたちは「夜に墓参りをすると早死にするぞ」と子どもたちに教えたわけです。

当時の町には、このような思いやり精神が当たり前のものとして根付いていました。だから子どもたちも、大人たちの行動や言葉を通して、それを肌で学ぶことができたのです。こんなにすばらしいコミュニケーションを自然とやっていたのです。

学校以外で何を学んだかで人間の奥行きができる

こうして私の個人的な体験を紹介しただけでも、学校以外で学ぶことの大切さがわかっていただけたと思います。

試しに、ご自分の人生を振り返って、どこで何を学んだかを考えてみてください。「すべてを学校で学んだ」という人など、一人もいないはずです。むしろ学校の外で、いろいろな人々と触れ合いながら学んだことが、今の自分を作っていると感じる人のほうが多いのではないでしょうか。

私のように、町の人々から多くのメッセージを受け取った人もいるでしょう。友達づきあいの中から、生きていく上で大切なことを学ぶことも少なくありません。私もそうでした。この歳になっても、私は多くの友人から毎日のようにさまざまなことを吸収しています。

すべての「対話」に意味がある以上、私たちはまわりの「人間」から学ぶのです。逆に言うと、大人であれ子どもであれ、すべての人間は「教育者」としての側面を持っていることにもなるでしょう。

もっとも、今と昔では、人間同士のコミュニケーションをめぐる事情も大きく変わってきました。そのため、たとえば私が「町から多くのことを学んだ」と言うと、「今は地域社会が崩壊してしまって、昔のようなコミュニケーションは成り立たない」と反論する人もおられると思います。

たしかに、とくに都市部では、昔のような地域の人々とのコミュニケーションは成立しにくくなっているのかもしれません。隣に住んでいる人がどんな仕事をしているのかもわからないのですから、若い人が近所の人々から何かを学ぶ機会も少ないのでしょう。

しかし、それも人々の意識の持ち方ひとつで変わるものではないでしょうか。

地域社会の崩壊(ほうかい)によって、町が「教育の場」としての役割を果たせなくなった面があることは否定しません。けれども一方では、人々が町を「教育の場」だと考えなくなったために、豊かなコミュニケーションが消えてしまったという面もあるような気がします。

だから、たとえばよその家の子どもが悪いことをしていても、誰も叱(しか)ろうとしない。子どもの教育は親や教師の仕事であって、自分の役割ではないと思っているわけです。こうして町の人たちが地域の子どもたちの動向に無関心になっていたのでは、社会全体の教育力は貧しくなる一方なのではないでしょうか。

ところが現実には、「学校任せ」の考え方が支配的です。少年犯罪が起きると、真っ先にその少年の通っている学校がやり玉に上がるのも、その表れだと思います。

事件の後は必ず校長先生が記者会見を開いて質問責めに遭い、まるで犯罪の原因を作った「犯人」のように扱われるのですが、これも考えてみればおかしな話。犯罪を犯した少年は、学校以外でも、多くの人々と触れ合い、広い意味の「教育」を受けてきたはずなのです。にもかかわらず、マスメディアの目が学校にしか向けられないのは、世の中全体が「学校の責任」と考えている証拠ではないでしょうか。

もちろん私は、学校にまったく責任がないと言いたいわけではありません。学校の管理体制や教師の指導が、子どもを間違った方向に導くこともあるでしょう。それはそれで冷静に分析して、直すべきところは直していくべきです。

しかし、学校や教師が担える責任には、自ずから限界があります。もし、学校や教師が「すべて自分たちに任せておけばいい」と思っているとしたら、それはあまりに傲慢で、勘違いもはなはだしいと言わざるを得ません。

実際には、そんな学校や教師はほとんどいないと思います。逆に、多くの学校関係者が、世の中から背負わされた荷物の重さに悲鳴を上げているというのが実情でしょう。

いずれにしても、社会全体の意識を高めるためには、一人ひとりがもっと自覚すべきでしょう。学校という「特別なところ」に教育を祭り上げていてはいけません。日常から切り離すのではなく、自分たちの身近なところに引き寄せるのです。

そのためには、まず、人間同士の「対話」が持つ意味合いを改めて考えることです。人との対話に勝(まさ)るものはありません。豊かな社会とは、豊かなコミュニケーションのある社会のことなのです。

第四章　「できる」と言われる人間の育つ環境

家族の大切さを考え直す

前章で私は、学ぶ場は学校の中だけではない、ということを申し上げました。これは、人間が生まれてすぐに学校へ入るわけではないことを考えても、ごく当たり前のことです。幼児教室や幼稚園などもありますが、本格的な義務教育が始まるのは六歳から。しかし、それまで教育を受けずに成長していく子どもは一人もいません。

では、生まれた子どもが誰から教育されるかといえば、その先生役は言うまでもなく親です。おじいちゃんやおばあちゃん、兄弟などもいますから、もう少し広げて「家族」と言ってもいいでしょう。

家族以外の人と触れ合うことも少なくはありませんが、就学前(しゅうがく)の子どもが「対話」をする相手は、ほとんどが家族です。人との「対話」が人間としての根幹なのだとすれば、幼少時は家庭こそが唯一(ゆいいつ)の「教育の場」だと言って差し支(つか)えありません。

もちろん、就学後も家庭でのしつけが大切であることに変わりはないでしょう。前述したとおり、教育を学校任せにしてはいけません。子どもが中学、高校に進んでからも、家庭が「教育の場」であり続けるのは当たり前のことです。

しかしその中でも、小学校へ上がるまでに家庭が子どもに対して果たす役割は、とりわけ重要だと言えます。この時期に家庭でどんな教育を受けたかによって、その後の人間形成は大きく左右されるのではないでしょうか。

もっとも、そのことを理解していない親は、滅多にいないと思います。中には、子育てを放棄して好き勝手に暮らしている親や、わが子を虐待して心に手痛い傷をつけてしまうひどい親もいるでしょう。

しかし、ほとんどの親は子どもの将来を思い、できる限りの教育をしようと一生懸命やっているはずです。

ただし問題なのは、その中身。どんなに一生懸命やっていても、その内容や方向が間違っていたのでは、子どものためにはなりません。そして、最近の子どもたちを見ていると、どうも家庭でのしつけに問題があるように思えて仕方がないのです。

一生懸命に子どもと接するのはいいのですが、物事というのは何であれ、質が伴わなければ、量が多くても意味がありません。家庭教育の「量」だけを見れば、六人も七人も子どもがいた時代より、少子化が進んでいる現在のほうが、親が子の面倒をみる時間は多いはずです。にもかかわらず、家庭教育がうまくいっていないとすれば、その中身を見直す必要があるでしょう。

一人か二人の子どもに時間やお金を集中できるようになったこともあって、今はわが子のことに熱心な親がたくさんいます。そして熱心な親ほど、いわゆる「知育」に力を入れる傾向があるのではないでしょうか。

前にも少し触れましたが、子どもが小さいうちから早期教育に夢中になる親は少なくありません。幼稚園に上がる前から、国語、算数、語学、音楽などの幼児教室に通わせて、学力や技能を身につけさせようとする。つまり、いずれ学校で勉強することを、早いうちから家庭でやらせているわけです。

私は、それが悪いとは言いません。知育が人間形成の大きな柱のひとつであることは間違いないからです。勉強をしないより、したほうがいいでしょう。実際、早期教育が功を奏して子どもの才能が引き出されることも少なくないだろうと思います。

でも、子どもに勉強やお稽古ごとをさせるだけで十分な家庭教育を行っていると親たちが思っているのだとしたら、これは少々、困ったことです。それは、いわば家庭が学校化しているだけであって、本来の家庭教育ではありません。学校には学校の役割があるように、家庭には家庭でしかできない大切なことがあるはずだと思います。

人間関係の基礎は家庭で作られる

では、家庭で行うべきものとは何でしょうか。

子どもには、学校で本格的な勉強を始める前に、身につけておかなければならないものがあります。たとえば、人の話をしっかり聞く能力。これが備わっていなければ、学校の授業に参加することができません。

また、学校では集団生活が始まりますから、他人の邪魔をしない、迷惑をかけない、自分勝手な行動を慎む、といった自制心や他人を思いやる気持ちも必要でしょう。

さらに、自分の考えていることをちゃんと言葉にして伝える能力も、ある程度は鍛えておかなければいけません。

これらの能力は、どれも他人とつきあうために欠かせないものです。広い意味のコミュニケーション能力と言ってもいいでしょう。

すでにお話ししたとおり、教育で大切なのは対話による相互理解ですから、人とコミュニケートする能力は教育を受けるための前提になるものです。まともに人と対話できないようでは、どんなに素晴らしい潜在能力を持っていても、それを誰にも見出してもらえませんし、見出してもらえなければ伸ばすこともできません。

もっと言えば、対話によって円滑で豊かな人間関係を築く力は、生きていくためのベースになる能力だと言えるでしょう。そして、それを子どもが最初に身につける場所は、家庭なのです。

たとえば心理学の世界では、幼児期の親子関係が子どもの心の発達に与える影響が、たいへん重視されます。子どもの頃に母親や父親との人間関係がうまく築けないと、大人になっても他人とうまくつきあえない人間になってしまうらしいのです。

生まれてきた子どもにとって、親は世の中で最初に出会う「他人」なのですから、それも当然でしょう。子どもは親との関係を通じて、まずは「自分」と「他人」を区別して見る感覚を身につけ、その他人とどう関わっていけばいいかということを学ぶのです。

だとすれば、家庭は人間としての基礎を作る場所だということになります。その基礎をしっかり固めないうちに、学力や技能を高く積み上げても、地に足のつかない不安定なものにしかなりません。しかし現実には、基礎工事を疎かにしたまま、高層ビルを建てようとしている親が多いのではないでしょうか。

数年前、『ＥＱ～こころの知能指数』（ダニエル・ゴールマン著／土屋京子訳／講談社刊）という本がベストセラーになったことがありました。

お読みになった方も多いでしょうが、この本は、「ＩＱ（知能指数）の高い人が必ずしも成功せず、平均的なＩＱの人が大成功したりする背景には、どのような要因が働いているのだろうか」という著者の疑問から始まります。

そして、ＩＱが高いのに社会的な成功を収められない人というのは、感情面に問題を抱えているケースが多いことがわかりました。

感情をコントロールする自制心、人に対する熱意、忍耐力、仕事や人生そのものへの意欲などに欠ける人は、いくら頭が良くて勉強ができても、人づきあいがうまくいかないこともあって、その能力を開花させることができません。

逆に、そういう感情面が豊かな人は、ＩＱが人並みでも大きな成功をつかむことができる。成功に不可欠なこの要因が、「ＩＱ」に対して「ＥＱ」と呼ばれているわけです。

さきほど申し上げた「人間としての基礎」というのは、この「ＥＱ」と非常に近いものだと言えるでしょう。勉強や習い事をさせることだけが家庭教育だと思っている親は、子どものＩＱを高めることばかり考えて、ＥＱを育てようとしていないわけです。

ちなみに著者のゴールマンは、「ＥＱは教育可能だ」と言っています。それは決して持って生まれたものではなく、鍛えることができる。私も同感です。そして私は、ＥＱ的なものは、まず家庭で育(はぐく)まれるべきだと思っているのです。

学校の成績も悪くない「ふつうの子」が、怒りの感情をコントロールできずに、ちょっとしたことで「キレ」て他人を傷つける。そんな事件をしばしば耳にしますが、これなどはまさに、ＩＱとＥＱのバランスが悪い証拠ではないでしょうか。

もちろん、そういう子どもはごく一部で、大半の子どもは簡単に「キレ」たりしないのだとは思います。しかし、他人への思いやりや命を尊(とうと)ぶ精神などが、昔にくらべて希薄になっているのは間違いないでしょう。

生徒が勝手に席を離れたり、大声を出したりして授業が成り立たなくなる「学級崩壊(ほうかい)」も増えているそうで、これなども学力やＩＱを高める以前の問題です。やはり、「人間としての基礎」がきちんと鍛えられていないと考えるしかありません。

だからこそ今、改めて家庭での教育というものを、見直してもらいたいと思います。家庭でしっかりとした「土台」を作っておかなければ、その先の人間形成は成り立ちません。家庭教育は、人間作りの基礎でもあり、才能を育てる基礎でもあるのです。

「反復」が人間の強い「芯」を築く

三つ子の魂(たましい)百まで、という言葉もあるように、幼児期に身につけた価値観や道徳観は、その人に一生ついてまわるものだと思います。

人間は誰でも年齢を重ねるにしたがって成長していきますし、さまざまな経験を経(へ)て生き方や考え方も変わっていくものですが、その中心にある「芯(しん)」のようなものは、子どもの頃に作られて、そのまま変わらずに本人を支えていくのではないでしょうか。

だから、家庭での教育が重要になる。「三つ子の魂」とは言わないまでも、五歳か六歳ぐらいまでに、しっかりした「芯」をこしらえておくことが大事です。それが「人間としての基礎」になるわけで、ここで手抜き工事をしていると、「欠陥(けっかん)住宅」のような人間を育てることになりかねません。

では、人間としての基礎を固めるために、家庭でどんなことをすればいいのでしょうか。

そこでキーワードになるのは、「反復」だと私は思います。

音楽でもスポーツでも、基礎的な技術を身につけるには、反復練習をするしかありません。同じことを何度も何度もしつこいぐらいにくり返して、ようやく自分のモノにする。そうやって習得した基礎は、いつまでたっても揺(ゆ)らぐことがありません。

音楽家やプロのスポーツ選手になる人は、その上で高度な技術をどんどん身につけていくわけですが、どこかで伸び悩んだり、不調に陥ったりしたときでも、基礎がしっかりしていれば立ち直ることができます。反復練習によって身につけた基礎は、その人にとって、いちばん頼りになる「背骨」のようなものだと言えるでしょう。

人間の基礎も同じではないでしょうか。人生の土台となる価値観や道徳観は、反復して教育しなければ身につきません。具体的にどんな価値観や道徳観を与えるかは、その家庭によっていろいろだと思いますが、それが何であれ、子どもの心に強い「背骨」を作るには、同じことを何度もやらせる粘(ねば)り強さが必要です。

ちなみに私は、五歳になった頃から、祖母に二つのことを教育されました。その二つに共通していたのは、やはり「反復」です。

一つは、「水は方円(ほうえん)の器(うつわ)にしたがい、人は善悪の友による」という言葉。祖母は私に、この言葉を毎朝三回ずつ唱えさせました。

「水は方円の器にしたがう」とは、入れ物の形によって水もその形を変えるということです。「方」は四角、「円」は丸。四角い器に入れれば水も四角くなり、丸い器に入れれば丸くなる。それと同じように、人間も善い友達とつきあえば善い人間になるし、悪い友達とつきあえば悪い人間になる、というわけです。

もっとも、五歳の子どもにそんな意味が理解できるはずもありません。それでも私は、祖母に言われるまま、この言葉を暗唱しました。やっとその意味がわかってきたのは、小学校五年生ぐらいの頃だったでしょうか。おそらく学校でいろいろなクラスメイトとつきあっている中で、自分が彼らからさまざまな影響を受けていることを、漠然と感じ取れるようになったのだと思います。

そしてこの言葉は、今でも私の「背骨」になっています。何歳になっても、「友達づきあいを大切にしなければ」という思いが頭から消えることはありません。今日の私があるのは、多くのすばらしい友人に恵まれたからです。

私に友達の大切さを教えてくれたのは、祖母だけではありませんでした。住友銀行の東京支店に勤めていた頃、上司の伊部恭之助さん（後に頭取）からも、こんなことを言われたことがあります。

「本を読むことも大事だが、それよりもいい友達をたくさん作りなさい。友達を作るためなら、少しぐらい自分の生活を犠牲にしたってかまわない。友達とのつきあいだけは、借金してでもやったほうがいい」

もっとも、伊部さんの教えを素直に受け入れられたのも、祖母の教育があったからこそでしょう。子ども時代にさんざん復唱させられた「水は方円の器にしたがい、人は善悪の友による」という言葉が頭にこびりついていたから、上司の言葉も当たり前のことに感じられたのだと思います。それがなければ、「友達作りのために借金するなんて馬鹿馬鹿しい」と思ってしまったかもしれません。

もう一つ、祖母が私にやらせたのは、墨を磨らせることでした。これも毎朝欠かさずに行い、習慣になりました。

ただ墨を磨るだけではありません。硯に向かって墨を磨りながら、

「天神さん、弘法さん、はよ墨濃うなってくださいませ。
お猿が紐引いた、どこまで引いた、天まで引いた。
手習いは坂に車を押すごとし。油断をすれば、後へ戻るぞ」

と、ゆっくり節をつけながら唄うのです。

その唄も、祖母はやはり三回くり返させました。この唄でいちばん大事なのは、もちろん最後の一行です。手習いは坂道で車を押すようなものだから、油断して手を抜くとすぐに後に戻ってしまう。祖母はこの唄をくり返させることで、修行や勉強は、たゆまぬ不断の努力が必要だということを、私に教えようとしたわけです。

私の「核」は父の言葉

私の家は、京都でわかっているだけでも四〇〇年近く続いている古い商家だということもあって、今ご紹介した以外にも、昔から受け継がれてきた習慣がいろいろありました。そしてその習慣が、子どもにとっては深い意味のある教育になっていたのです。

たとえば男の子は、毎朝ご先祖様の神棚にお水を差し、女の子は仏壇にお供え物をする。これも毎日の習慣です。

表へ出るときには、最初にご先祖様に差し上げたお茶を、「お飲みやす、お飲みやす」と言いながら、家の前の道路に撒きました。子孫がいなくて無縁になっている死んだ人が、喉の渇きに苦しんでおられたら、「どうぞお飲みください」と差し出せるように、という仏教的な教えの一つだったのだと思います。

仏教と言えば、その頃、京都各地の禅宗のお坊さんたちが五人から一〇人の列を組んで、真冬でも素足で托鉢のため町を歩いておられました。町の人々がお米やお金を差し上げると、お坊さんたちは実に立派な態度で受け取ったものを懐にしまい、静かに合掌してから、また前を向いて歩いていく。

前章で、昔は町が「教育の場」だったと申し上げましたが、こうした風景も、私にとっては教育的な意味があったと思います。

さて、私もそういうお坊さんたちに物を差し上げることが何度かあったのですが、祖母はそんなときにも、私に「施し」の意味について教えてくれました。
私がお坊さんたちを見送った後、祖母は、「世の中には、施しというものがいろいろある。おまえが今お坊さんにした施しは、いちばん下の施しです」と言うのです。さらに、「いちばん下の施しは、子どものときにしなさい」とも言われました。

食べ物やお金などの目に見える物を差し上げることを、仏教の言葉では「財施」と言います。これがいちばん下の施しで、その上には「言施」がある。これは「がんばりなさい」とか「今日は天気が良くていい気持ちですね」などと言葉で相手を元気づけるものです。こちらのほうが、「財施」よりも難しいことは言うまでもありません。

食べ物やお金はそれが手元にありさえすれば施せますが、言葉を人に施すのは、ある程度まで成熟した人にしかできないでしょう。少なくとも、子どもには無理。だから祖母は、「おまえはまだ未熟な人間だから、せめていちばん下の財施を大事にしなさい」と私に教えたのだと思います。

ちなみに、「言施」の次は「顔施(げんせ)」。文字どおり顔や表情による施しで、いつも相手に心地よい笑顔を向けることです。言葉なしで気持ちを伝えるわけですから、「言施」よりもさらに人としての成熟度が求められると言えるでしょう。

そして「顔施」の上にある最高の施しは、「心施(しんせ)」です。これにはさまざまな意味がありますが、とくに大切なのは世の中の森羅万象(しんらばんしょう)に対して感謝の念を持ち、何に対しても「ありがとうございます」と言える精神だと私は思っています。

私の家だけでなく、当時、京都の商家はどこも自分の子どもに対して、この種のことを教育していました。その多くは「人づきあい」の心構えに関するもので、要はコミュニケーションであり、ＥＱ教育だったと言えるでしょう。

そう言えば私の父も、「人様に迷惑だけはかけるな」ということを、事あるごとに言い続けていました。これも「人づきあい」の大切さを教えようとしているわけで、父は八四歳で亡くなる直前にも、病床でそれを私に言ったぐらいです。

そのとき私は、住友銀行の副頭取をしておりました。一人前の大人に向かって「迷惑をかけるな」と言うのは、端から見ればおかしなものかもしれません。でも私には、父の言葉が身に沁みました。ごく当たり前の言葉でも、心から相手のことを思って何度も何度も口にしていると、大きな力を持つようになるのです。

私はこの歳になって、子どものときに家族から与えられた「言葉」が、いかに人生の中で大きなウエイトを占めるかということを実感しています。歳を取って記憶力が怪しくなってきても、あのころ何度も暗唱した言葉は絶対に忘れません。

そして、心に強くインプットされた言葉が、自分という人間の「核」になっている。たとえば私は、経営者として常日頃から「声が大きくてニコニコしている人間は絶対に成功する」と言っています。これは、「言施」や「顔施」の精神に通じるものでしょう。そういうことを大事にする価値観が、子どものときに植え付けられていたわけです。

家庭教育に求められるのは、そういう人生の「核」になるような言葉を、子どもの心にインプットすることなのではないでしょうか。

親の役目は厳しい「しつけ」

家庭教育と言えば、「しつけ」をどうするかということも、大きなテーマの一つです。

今、家庭では、子どもに対するしつけが十分に行われていないのではないかと感じている人は、決して少なくないでしょう。電車の中やレストランで子どもが駆け回っていても注意しない親が多いとか、他人が子どもに注意すると「うちの子に何をするんですか！」と気色ばむ親がいるといったことは、しばしば指摘される話です。

これはまことに嘆かわしいことで、おそらくそういう親は、「自由」の意味をはき違えているに違いありません。

子どもを「自由に伸び伸び育てる」のは悪いことではありませんが、だからといって公共の場所で他人に迷惑をかけていいわけがない。今さら私が言うまでもないことではありますが、「自由」は常に「責任」と表裏一体の関係にあります。世の中のルールやマナー、エチケットを守れない人に、自由などあるわけがないのです。

それを子どもに教えるのが、しつけというものでしょう。しつけを放棄(ほうき)している親は、自由を重んじているわけではなく、単に子どもを野放しにしているだけです。

親からしつけを受けずに野放しにされた子どもは、「世の中は何でも自分の思いどおりになる」と思い込んでしまう恐れがあります。しかし、そんな自分勝手でわがままな人間を受け入れてくれるほど、世間は甘くありません。

そういう人間はまともに人間関係を築くことができず、したがって仮に高い能力を持っていても、それを発揮(はっき)するチャンスを与えてもらえないでしょう。IQばかり高くて、EQが低い人間と同じことです。そう考えると、しつけも人とのコミュニケーション能力を高めることの一環だと言えるのではないでしょうか。

私たちがルールやマナーを守るのは、そうしないと他人とのあいだに無用の軋轢(あつれき)が生まれて、人間関係がうまく結べなくなるからです。「親しき仲にも礼儀あり」と言いますが、私たちはそれほど親しくない人間ともつきあわなければ生きていけないのですから、なおさら礼儀が欠かせません。

たとえば取引先に虫の好かない方がおられても、お互いに礼儀をわきまえてつきあっていれば、友達になることはできなくても、商談をスムーズに進めるぐらいのことはできます。

礼儀というのは、人間のコミュニケーションに不可欠な要素の一つなのです。

電車やレストランで駆け回っている子どもも、周囲の人々との「無言のコミュニケーション」が取れていません。「しつけがなっていない」とは、そういうことです。わが子に対して、「うまく人間関係を築ける人間になってほしい」という思いさえ抱いていれば、親がしつけに無関心でいられるはずがありません。

にもかかわらず、しつけをまともにしようとしない親が多いとしたら、やはり「人間の基礎」を作るという家庭教育の役割がないがしろにされている証拠でしょう。

さらに言うなら、そういう親は子どもの「自立」について考えていないのではないでしょうか。子どもは、いずれ親から離れて一人で生きていかなければいけません。親の保護下にあるあいだは、ルールやマナーを守らなくても何とか生きていけますが、自立したらそうはいかない。一部の親のように、「よしよし、おまえの好きにやっていいんだよ」と甘やかしてくれる人など一人もいないのです。

将来、子どもが一人で生きていけるように教育する。それが、親に課せられた最低限の責任だと私は思います。そうは言っても人間は「一人で生きていく」ことができないわけで、ならば対人関係能力こそ自立に必要なものだと言えるでしょう。私たちは誰しも、他人に支えてもらわなければ自立できないのです。

他人に迷惑をかけても叱りもせず、ルールやマナーを守らせようとしない親は、そういう子どもの「将来」を見ていないのではないでしょうか。

もちろん、親が子どもに精一杯の愛情を注がなければいけないのは当然です。でも、だからといって、子どもの「現在」しか考えず、ただ機嫌を取るためにチヤホヤしていたのでは、少しも子どものためにはなりません。

しつけをきちんとやろうと思えば、ある程度、子どもに厳しく立ち向かわなければならない場面もあるでしょう。しかし、「愛のムチ」という言葉もあります。子どもの将来を考えれば、ときには厳しくしつけることも、愛情の表れなのです。

「自分のことは自分で始末をつける」ことを教える

また、子どもの自立を促すためには、いわゆる「問題解決能力」も身につけさせる必要があります。身の回りに生じるいろいろな問題に、自分で知恵を絞りながら対処する能力。簡単に言えば、「自分のことは自分でやる」ということです。何でも他人任せにして、自力でカタをつけられないようでは、自立した人間とは言えません。

これは「自分の頭で考える」ということにも関わってきますから、学校教育の中でも養われるべきものでしょう。しかし、「子どもが一人で生きていけるようにする」のが親の役目だとすれば、これもやはり家庭教育に負う面が大きいと思います。

そしてこの場合もしつけと同様、親に求められるのは、あえて子どものために「愛のムチ」を振るう覚悟ではないでしょうか。

子どものやることに何でもかんでも手を貸していたのでは、問題解決能力は育ちません。ときには、「自分でカタをつけなさい」と突き放すことも必要でしょう。もちろん、二〇歳で成人するまでは法的にも親が子を保護する義務があるわけですが、それ以前にもある程度は「自分の尻は自分で拭え」という教育をしておかないと、自分の行動に対する責任感は芽生えないだろうと思います。

ところが最近は、何から何まで子どもの世話を焼きたがる過保護な親が増えてきました。というよりも、社会環境の変化によって、過度に子どもを保護するだけの余裕が親に生まれたのかもしれません。昔の親だって、子どもの面倒を見たいという気持ちはきっとあったことでしょう。しかし、子どもの数が多いので一人の子に割ける時間は少なかったし、母親も家事や仕事に追われて、それどころではなかったのです。

そういう時代にくらべると、今は子どもの数も少ないし、家電製品の発達で家事も楽になりましたから、そのぶん、子どもをかまう時間が増えました。そういう意味では、過保護な親が増えるのも当然なのかもしれません。

そうであるなら、なおさら親自身が自覚して「愛のムチ」を振るう必要があります。子どもが苦しんだり困ったりしているときに、あえて手を貸さずに突き放すのは、ある意味でたいへん勇気のいることでしょう。親が突き放すことによって、子どもが多少なりとも危険な目に遭うこともあるからです。

親は「保護者」ですから、わが子を危ない目に遭わせたくないというのはごく自然な感情だと思います。でも、あらゆる危険を親が子どもの周囲から排除していたのでは、自ら問題を解決しながら生きていく力がつきません。

しかし過保護な親は、ひたすら子どもを危険から遠ざけようとします。

たとえば幼児を公園で遊ばせるときでも、危ないことは絶対にやらせない。これは程度問題で、本当に怪我をさせたのでは元も子もないわけですが、あまり「安全に、安全に」という気持ちが強すぎるのは考えものではないでしょうか。

昔は、子どもがちょっとした擦り傷を作るぐらいは当たり前のことでした。しかし今は、膝を少し擦り剝いただけで大騒ぎする母親が多いようです。その程度の危険まで身の回りから遠ざけられていたのでは、子どもは強くなりません。

幼児期はともかくとしても、子どもが中学・高校に進むぐらいの年齢になったら、多少の危険には目をつぶって厳しい体験をさせるべきでしょう。いつまでも親がすべて面倒をみていたのでは、子どもは親離れできません。まずは親のほうが「子離れ」する覚悟と勇気を持つことです。

ひとり旅は「問題解決能力」を高める

昔から、「可愛い子には旅をさせろ」と言います。旅というのは、将来、一人で生きていくようになったときに慌てないための、予行演習みたいなものでしょう。

旅先には思いがけない事態が待ち受けていますし、さまざまな危険もあります。でも、子どもはそれを乗り越えながら、自立への手応えをつかんでいく。実際に旅をさせるかどうかは別として、そういう体験をさせるのは親の義務だと思います。

私の場合は、実際に「旅」をさせました。二人の娘とも、高校一年生になったとき、試験を受けさせてアメリカへ留学させたのです。

もっとも、そのときは「自立心を持たせよう」と考えていたわけではなく、単に私自身が青年時代に得られなかったチャンスを、子どもに与えようと思っただけでした。しかし結果的には、これが娘の「問題解決能力」を高めたように思います。帰国した彼女は、それまでとは見違えるほどしっかりしていたのです。

今でこそ海外留学も珍しいものではなくなりましたが、当時、娘を外国に送り出すのは、親としてもそれなりに勇気のいることでした。正直な話、心配で心配でたまりません。

でも私はあえて、渡米してから半年間は親への電話も手紙もまかりならん、と娘に申し渡しました。困ってすぐに親に泣きつくようでは、せっかく行った意味がないと思ったからです。しかも送り込んだ土地は、一人も日本人が住んでいない町。

語学を身につけるのが最大の目的ですから、日本語を使わずに、すべて英語で対処するしかない環境に身を置くのがいちばんだと考えたのです。娘にとっては、かなり厳しい体験だったでしょう。

しかし娘のほうも頑張りました。言いつけどおり、いっさい連絡してきません。半年後にこちらから電話したときは、咄嗟に日本語が出てこないような状態になっていて、驚かされました。それぐらい、向こうの生活に順応していたわけです。

決して治安のいい町ではなく、公園で無理やりドラッグを注射されて覚醒剤中毒になってしまう人もいたと言いますから、いろいろ危険な目にも遭ったことでしょう。あからさまな人種差別もあったそうです。

学校でバレーボール部に入っていたのですが、勝っている試合では絶対に出してもらえない。負けが決まったような試合に途中から出場させられて、終わってから「おまえがいたから負けた」などと責められたこともあったと聞きました。気の毒と言えば気の毒ですが、そんな境遇に耐えてくれれば、強くならないわけがありません。

さらに私は、二人の娘が大学一年と二年になったときに、一人に一〇〇万円ずつ渡して、「これで二ヵ月間、外国を回って勉強してこい」と言って旅をさせたこともあります。最初に泊まるイタリアのホテルだけはあらかじめ予約しておきましたが、あとはすべて自分で手配する。どこで何をしようと、本人の勝手です。

これがまた波瀾万丈の旅で、エジプトで赤軍派と間違えられて一時的に調べられたりもしました。スペインでは病気になって入院もしましたし、船の延着で泊まるところがなくて、波止場で新聞紙を体に巻いて野宿したこともあったそうです。

以上の話は私と娘たちの個人的な体験であって、もちろん、誰もが同じようにこれほど厳しい「旅」をさせられるとは思いません。しかし子どもの自立を促すためには、こういう発想をどこかで親が持つべきではないでしょうか。

もっと日常的な場面でも、子どもが自ら危険に対処し、親に頼らないで問題を解決する機会はいくらでも与えられるはずです。子どもが苦しんでいるときに救いの手を差し伸べるのも愛情なら、あえて将来のために「自分で解決しろ」と突き放すのも愛情でしょう。家庭教育では、親がそのバランスを考えて子どもに接することが大切だと思います。

子どもには与えすぎないこと

すでに述べたとおり、昔は親が事細かに子の世話を焼く余裕がなかったので、放っておいても子どもたちはそれなりに厳しい環境に身を置き、自分で物事を解決せざるを得ない立場に追い込まれていました。

親の目が届かない場面も多かったので、危険な目に遭うこともあります。つまり、親がバランスを考えなくても、適度な「アメとムチ」が自然に与えられていたわけです。

そういう意味では、昔より今のほうが、家庭での教育が難しくなっていると言えるのかもしれません。しかし、学校教育も家庭教育も、時代の変化によってそのあり方が問い直されるという点では同じなのです。

本書の冒頭でもお話ししたとおり、社会全体が豊かになったことで、若い人たちは昔にくらべて目標を持ちにくくなりました。努力しなくても貧しい思いをすることがなくなったため、もともと持っているはずの向上心を失いやすくなっているのです。

努力しなくても食べていけるならそれでいいではないか、という人もいるかもしれません。しかし現実に、そのことは学力低下という弊害(へいがい)を生んでいます。これを放置しておけば、やがて社会全体の活力を低下させ、また貧しい時代に逆戻りすることになるかもしれないのです。

さらにもっと問題なのは、一時的な豊かさが若い人たちの「学力」だけでなく、「生命力」まで低下させてしまうことではないでしょうか。

今の若い人たちは、少なくとも物質的には、きわめて恵まれた環境で育っています。歯を食いしばって我慢(がまん)したり、努力したりしなくても、簡単に欲しいモノが手に入る。貧しい時代には、誰もがいわゆる「ハングリー精神」を持っており、それが生きるために必要な活力やたくましさの源にもなっていましたが、今はそれがありません。私はこれが、若い人たちから「生きる力」を奪ってしまうのではないかと心配しているのです。

ルソーの著した『エミール』という教育論に、こんな一節があるそうです。

「子どもを不幸にするもっとも確実な方法は、いつでも何でも手に入れられるようにしてやることだ」……。

簡単には手に入らないものを手にするために、人間は必死になって努力します。欲望というと聞こえは悪いですが、そういう「何かを手に入れようとする気持ち」が、生きるための強さをもたらすことは間違いないでしょう。

しかし、「いつでも何でも手に入る」のでは、「あれが欲しい」という気持ちさえ芽生えず、したがって生命力も弱まります。ルソーの言うとおり、これほど若い人にとって不幸なことはありません。

若い人たちがあまり勉強をしなくなったのも、「努力しても報われない」という思いがあることに加えて、与えられた教育環境が恵まれすぎていることがあるような気がします。いまや、高校はもちろん、大学に進学するのも当たり前の時代。

本人が希望しているかどうかにかかわらず、親は「大学に行くように」と言いますし、そのための出費は惜しみません。塾、予備校、家庭教師、学習教材などなど、あらゆるものを子どもに与えます。

それだけ十分に与えられれば、ふつうは学力も向上するはずだと考えます。そう考えるから、親も何から何まで与えるのでしょう。しかし、そうなるとは限らないのが、人間の難しいところ。それが「あって当たり前」だと思うと、ありがたみが感じられなくなり、チャンスを生かそうと必死で頑張るような気持ちにならないのです。

世の中が貧しい時代は、そんなに恵まれた家庭などめったにありませんでした。大学までのレールを親が敷いてくれるどころか、「勉強なんかしてないで、働け」と親に言われる人のほうが多かったぐらいです。親に反対されながらも大学進学を目指すような子どもが、今の時代にどれだけいるでしょうか。昔は、それが当たり前でした。

私の場合、親に進学を反対されたわけではありませんが、家が貧しかったので、学費を出してほしいとは頼めません。そのため高等商業から大学まで、親から一銭ももらわずに卒業しています。終戦前は勤労動員ですから工場でご飯を食べられましたし、わずかとはいえ小遣いももらえました。

終戦後は、アルバイト。封筒の宛名書き、米軍基地の力仕事、中学校の臨時教員（学生のくせに担任まで持っていました）などいろいろな仕事をしながら、学費も生活費も、自分で工面したものです。

当然、いつも腹を空かしていましたし、着るものもろくになくて寒さに震えていましたが、それでも向学心だけはありました。いや、腹を空かしていたからこそ、勉強しようという気になったのだと思います。こんなに苦労して大学に通っているのだから、無駄に過ごすわけにはいきません。しっかり学問を身につけないと、元が取れないわけです。

しかし、こんな話をしたからといって、「今の若い人たちも、勉強したければ自分で学費を稼ぐべきだ」などと言いたいわけではありません。豊かな時代に、貧しい時代と同じやり方を求めるのはナンセンスです。

ただ、あまり何でも与えすぎて、若い人が教育に対して受け身になるのは良くないのではないでしょうか。自分の意思で、自分のために学校に行っていると思えなければ、勉強にも身が入りません。「いつでも何でも手に入る」のは仕方ないとしても、せめて、そういう環境に「ありがたい」と感謝の念を持てるように仕向ける必要があると思います。

そういう意味でも、やはり親は過保護にならないよう、気をつけなければいけません。教育熱心なのは大いに結構ですが、それが過ぎると、逆に子どもの向上心を奪ってしまうこともあるのです。学校教育と同様、家庭教育も、ひたすら「与える」のではなく、本人の主体性や意欲を「引き出す」ことを考えるべきではないでしょうか。

第五章　「個性」を生かせる社会

「個」の才能を輝かせるために

ここまで本書では、若いうちから主体性を育てる（自分の頭で考える）こと、一人ひとりの才能に目を向けてそれを引き出すこと、そのためには「対話」による相互理解が必要であることなどを、大きく言えば二一世紀に向けてのポイントとして挙(あ)げてきました。

これらはいずれも、方向性としては「個」を重視するという点で一致しています。新しい時代には独自の個性や創造性を持った人材が求められる以上、この方向性に異(い)を唱(とな)える人はあまりいないでしょう。何度も申し上げているように、集団に網(あみ)を投げかけるような教育は、すでにその役目を終えています。

そして、「個」の能力を最大限に高めるために、これからは「社会が求める人材」を育てるという発想ではなく、「一人ひとりの幸福」を模索する発想が求められているのです。これについても、すでに申し上げました。

それぞれの人間が、どうすれば自分らしく生きられるかを追求した結果、社会で役立つ人材が育つわけです。

ただし、「個を重視する」ことだけが、これからの時代に求められるわけではありません。「個を重視する」そのことだけを目指していたのでは、バランスの取れた人間を育てることはできないのです。

では、何が必要なのでしょうか。

ひとことで言うと、それは子どものうちに「パブリック・マインド」を身につけさせることです。当然のことながら、すべての人間は社会の中で生きていくわけですから、自分らしい生き方を追求すると同時に、「社会の構成員としての役割」を果たさなければいけません。つまり「個」だけでなく、「公」の部分も育てなければならないのです。

言うまでもないことですが、「個」と「公」は決して互いに相容れないものではありません。むしろ、お互いに支え合って成り立っているものだと思います。一人ひとりの自立した個人がいなければ、社会は成立しませんし、個人を受け入れてくれる社会がなければ、自分らしい個性的な生き方もできないわけです。

中には、「他人なんて関係ない。社会に属さなくても、俺は俺らしく生きていける」と思っている人がいるかもしれませんが、人間が「自分らしさ」を感じられるのは、他人の存在、つまり周囲の社会があるからです。

極端な話、無人島で孤独に暮らしている人に、「自分らしさ」や「個性」はありません。時速一六〇キロの豪速球を投げるピッチャーも、プレイする場所がなければ「ただの人」です。

「公」が正常に機能していなければ、「個」の才能が輝きを放つこともない。それは、たとえば会社という集団を考えても明らかでしょう。

私は、社員が「自分のため」に仕事をすることを否定しません。仕事は自己実現の手段ですから、自分らしさを抑えて会社のためだけに働いていたのでは、意味がないのです。しかし、「自分のために働く」が「自分勝手に働く」になってはいけません。会社の方針や職場の仲間たちの都合を無視して、自己中心的に行動する人間がいたのでは、組織自体が弱くなります。それでは、結果的に「自分のため」の仕事はできません。

それに、たとえ高い能力を持っていても、そういう人間はその才能を生かすチャンスを与えられないでしょう。周囲の都合を考えないわがままな人間は誰にも信頼されませんし、したがって仕事を任せてもらえません。

いずれにしても、個人あっての会社であり、会社あっての個人なのです。その関係性を本人が自覚していなければ、どんな個性も死んでしまいます。

会社に限らず、人間の世の中はすべてそういう仕組みになっているわけで、だからこそ、個性を伸ばすと同時に、個人の中に公共心を持たせるような意識を持たなければなりません。それは、「個を押し殺して社会に順応しろ」というようなものではなく、むしろ大切な「個」を生かすために必要なことなのです。

自分のやりたいことをしたければ、自己責任の意識を

私が、ここで人間として大切なこととして、パブリック・マインドの問題を取り上げるのは、それを持ち合わせていない人間が増えているように感じるからです。

前述したとおり、私は父親から、「人様に迷惑だけはかけるな」と耳にタコができるほど言い聞かされました。けれども、そんなごく当たり前のことさえ、今は十分に行われていないのではないでしょうか。

混雑した電車の中でも、携帯電話（けいたい）に向かって大声で話す。粗大（そだい）ゴミを空（あ）き地に捨てる。人通りの多い場所で、輪になって立ち話をする。細かい話ですが、雨が降った後など、手に持

っている傘の先が後ろを歩いている人にぶつかりそうになっても、何も感じていないような人もよく見かけます。

このように、「平気で他人に迷惑をかける人々」の例は、枚挙に暇がありません。人に迷惑をかけて平気でいられる、いや、迷惑をかけていると思ってもいないのは、自分のことしか考えていないからでしょう。

社会の一員として暮らしているという意識が薄く、自分の世界しか見えていない。つまり、公共心が欠如しているのです。

自分の世界しか見えていない証拠に、公私の区別がつかない人も増えてきました。よく言われることですが、電車の中でお化粧をする女性などは、その典型です。

私は男なのでよくわかりませんが、お化粧というのは「公」の場所に出るためにするものではないのでしょうか。

他人に見られるから化粧をするわけで、それを「公」の場所でしたのでは意味がないと思うのですが、一部の女性たちは平気です。

つまり彼女たちは、電車の中という空間に「公」を感じていないのだと思います。仲間のいる学校や会社に入って初めて、「公」を意識するのかもしれません。それ以外の場所では、だらしなく「私」の空間を引きずっているのです。

しかし、電車内での化粧ぐらいで驚いてはいられません。私などはとても信じられないのですが、最近は駅のホームで着替えをする女子高生もいると聞きます。

こちらもやはり、そこが他人のいる公共の場だという意識がない。どこにいても、まるで自分の部屋にいるかのように行動するのです。そこが自分の部屋だと思っているのであれば、道端に腰を下ろして、コンビニで買った弁当を食べたりできるのも、そう不思議なことではないのかもしれません。

電車内での化粧や、ホームでの着替えなどは、直接他人に迷惑をかけるものではないでしょう。その近くにいれば、いくらか不愉快な思いをすることはありますが、否応なく耳に入る携帯電話の話し声などとは違って、こちらが見なければ済むことです。

でも、だからといって、それをこのまま放っておくわけにはいきません。

公私の区別がつかない人には公共心がないわけで、そういう人はいずれどこかで他人に迷惑をかけるに違いないからです。自分の世界しか見えない、自己中心的な人ばかりになったら、この社会は崩壊してしまいます。

話は変わりますが、たとえば脱税事件が跡を絶たないことや、選挙の投票率が低いことなども、今見てきた日常的な公共心のなさと無関係ではないはずです。税金を誤魔化そうとする人間も、平気で人に迷惑をかける人間も、公私の区別がつかない人間も、自分のことしか考えていないという点ではまったく同じなのです。

納税や投票は、社会の構成員として生きていく以上、当然果たさなければいけない義務であり、責任です。ところが公共心のない人々は、自分の義務や責任には目を向けず、権利と自由ばかり主張しています。それが「自己主張」であり、「個性の発揮」だと勘違いしているのかもしれません。

自由と責任が表裏一体だということは、前にも申し上げました。同じように、権利と義務も、分けて考えることはできません。

責任の伴わない自由や、義務を果たさない権利の行使は、ただの「わがまま」にすぎません。そういう基本的なことを教えずに、「個を重視する教育」だけを追求していけば、世の中が自己中心的な人間で溢れかえってしまうことは、火を見るより明らかです。

しかも、これからは世の中全体で規制緩和が進んでいきます。「規制」というのは裏を返せば「保護」のことですから、それが緩和されれば、多くの自由が与えられる反面、守ってくれる人がいなくなります。自由を享受するためには、そこで発生するリスクもすべて自分で背負う覚悟が求められるわけです。

したがって、真正面から自己責任を受け止めることのできない人間は、自分のやりたいことを実現できません。つまり、個性を生かすことができないということです。

それが世の中のルールである以上、自己責任の意識を持つことも、パブリック・マインドの一部だと言えるでしょう。そういう意味でも、一部に見られる「公」を考えずに「個」だけをもてはやすのは、少しも若い人たちのためにならないのです。

社会の仕組みを理解する

それでは、義務や責任の意味も含めた「パブリック・マインド」を子どもの頃から植え付けるためには、どうすればいいのでしょうか。

そのための一つの方向性は、すでに本書の中でも触れています。コミュニケーション能力を高めることです。

他人に迷惑をかけていることに気づかなかったり、公の場所で自分の部屋にいるように振る舞えたりするのも、「人間関係をどうこなしていくか」という広い意味でのコミュニケーション能力が欠けているためでしょう。

実際に言葉を交わすわけではありませんが、意識の上で周囲の他人との「対話」ができていないからだと思います。自分の世界に浸りきっているために、「公」の世界との関係をきちんと持つことができないのでしょう。

また、家庭内でのしつけが大事であることは言うまでもありません。

人に迷惑をかけるとはどういうことなのか、公共の場所ではどんなふうに行動しなければいけないのか、そういうことを教えるのは親の役目です。

家の中では甘やかしたとしても、表へ出たら厳しく子どもを律することが大事です。そういう「けじめ」を子どものときに身につけておかなければ、公共の場所と自分の部屋の区別がつかなくなるのも無理はありません。

さらに、これがいちばん重要だと思うのですが、学校教育の中で、社会全体の仕組みや成り立ちについて、しっかり教えるべきだと思います。

もちろん、これまでも社会科で政治や経済については学んでいたはずです。しかし、それは教科書に書かれていることを、単なる「知識」としてインプットしただけだったのではないでしょうか。

これからは、たとえば自由と責任の関係、義務と権利の意味などについて、子どもたちが自分自身のこととして実感できるように教えていかなければいけないでしょう。憲法の条文をいくら暗記しても、「わかった」ことにはならないのです。

納税の義務にしても、なぜ国民がそれを支払わなければいけないのか、どういう使われ方をするのかといったことを正しく知らなければ、タックスペイヤーとしての自覚は芽生えません。そのためには、国家の成り立ちや、民主主義の意味や価値なども、生活に密着した形で理解できるように教える必要があるでしょう。

学校でもそのことを習わず、家庭では親から「税金が高くて困る」などと愚痴を聞かされていたのでは、納税という行為にネガティブな印象しか持てなくなるのも当たり前です。子どものうちから、税金を納めるのが、社会に貢献する当然の行為であるということを、心から納得させなければいけません。

もちろん、国から言われるまま無批判に税金を納めるように指導しろ、というわけではないのです。今の税金が高いのか安いのか、不公平はないのか、政府の使い方に間違いはないのかといった問題を考えさせることも、社会の仕組みを教える上で欠かせないことです。しかし、それはあくまでも、正しい納税者意識を養った後の話でしょう。

もっと政治にも関心を持ってほしい

また、国政に関心を持ち、選挙があれば積極的に投票所へ足を運ぶようなパブリック・マインドを育てるためには、政治についてきちんと知っておくことも必要だと思います。

おそらく今の人々は、成人になれば誰にでも選挙権があることに、価値やありがたみを感じられなくなっているに違いありません。あるのが当たり前だと思っているから、平気で棄権することができるのでしょう。

誰もが政治参加できる民主主義のすばらしさを肌身で感じられるようになっていれば、二〇歳になって選挙権を手にしたとき、「これで自分も政治に参加できる」という喜びを感じられるはずです。

それ以前に、「諸外国並みに一八歳から、選挙権を与えてほしい」という声が、若い世代から上がってくるかもしれません。今も一八歳から選挙権を与えようという議論はありますが、それは大人の間で交わされているだけで、当事者である高校生たちは大半がそんなことには残念ながら関心が薄いようです。

もちろん、今の学校で政治の仕組みがまったく教えられていないわけではありません。国会のシステム、選挙制度、民主主義の歴史などは、どの教科書にも書いてあるでしょう。しかし、それも断片的な「知識」として与えられているだけです。

衆議院と参議院の役割の違い、選挙権と被選挙権の年齢、地方自治の仕組みといったことを、歴史の年号を覚えるのと同じように丸暗記するだけ。それでは、自分のこととして政治を考えるようにはなりませんし、公共心も身につきません。

必要なのは、自分たちの血となり肉となるようなことです。

たとえば一人の市民として自分が政治的な問題に直面したとき、それをどう考え、いかに対処していくのか。どんな行動を取れば、問題解決の糸口がつかめるのか。そういうノウハウを教えるのが、ほんとうの意味の政治教育ではないでしょうか。今のところ、そんなことをきちんと教えているところは少ないかもしれません。

要するに、一般論だけではダメだということ。自分たちの目の前にある政治問題について、具体的に教える必要があります。

高校生なら数年後には選挙権を手にするわけですから、たとえば国政選挙があれば、その争点について教室で議論するような授業があってもいいと思います。各党の主張を整理して、それが自分たちの暮らしとどう関わっているのかを考える。それだけでも、政治はぐっと身近なものになるはずです。そういったことをしなければ、政治はますます若い人たちから離れていってしまうでしょうし、良い政治家も育たないでしょう。

これまで学校の現場では、そういう教育がどちらかというとタブー視されてきました。具体的な政治問題に踏み込むと、子どもたちに特定のイデオロギーが教え込まれることになりやすく、公正・中立ではない偏った教育になるのではないかと思われたからです。

しかし少なくとも高校生ぐらいになれば、世の中にはいろいろな考え方があり、ある意見があれば必ずそれに対する反対意見がある、ということぐらいは理解できるのではないでしょうか。というよりも、それ以前に、それが理解できるようにしておくべきなのです。

たとえば前述したメディアリテラシー教育も、そういう能力を養うための一助になるはずです。また、「ひと山いくら」で人を扱うことをやめ、一人ひとりと対話できるような環境が整えば、若い人たちも「人にはそれぞれ違った見方や考え方がある」ということがわかると思います。

そういう前提条件を身につけた上でなら、政治教育が特定のイデオロギーに偏る心配はないでしょう。もちろん、この考え方が正しいとか、あの政策は間違っているとか、一つの結論を引き出すような方向に誘導するようなことがあってはいけません。

子どもたちが自ら問題意識を持ち、さまざまな情報を集め、フェアに意見をぶつけ合う。最終的には、それぞれが自分で判断することが大切ですし、たとえ自分とは違っても、他人の判断を尊重する態度も身につけなければいけません。

そして言うまでもなく、こういうことは、「自分の頭で物事を考える」ためのトレーニングにもなります。そういう意味で、政治について学ぶことは、若い人が「公」の意識を芽生えさせると同時に、それぞれの「個」を引き出すことにもなると言えるでしょう。

パブリックな存在として一定の役割を果たそうと思ったら、しっかりとした「個」を持たなければいけない。これはまさに、市民社会の基本的なルールだと思います。

義務や責任を果たさず、権利や自由だけを主張する自己中心的な人間は、ほんとうの意味の「市民（＝自立した個人）」とは呼べません。強いパブリック・マインドを持ち、自らの義務と責任を果たす覚悟を持った人にこそ、個人として自分らしい生き方を追求する資格があるのです。

地域社会で学べること

さて、パブリック・マインドを持つためには、家庭でのしつけや、学校での社会教育を充実させるだけでは足りません。自分が社会の一員として生きていることを実感できるような、いわば「実地研修」の機会が必要です。現実の生活を通じて、自分が「公」の中の「個」だという手応えが得られなければ、公共心は芽生えないでしょう。

そこで大きな役割を果たすのは、やはり地域社会との関わりです。

もっとも身近な「公」である地域社会をすっ飛ばして、いきなり「国民」としての義務や責任を教えても、そこで示されている「公」のフィールドが広すぎるので、誰でも自分が「パブリックな個人」であることをリアルに感じられません。

極端な話、政治はテレビや新聞などのマスメディアの中にあるバーチャルなものだと感じてしまう人もいるのではないでしょうか。自国の総理大臣がテレビゲームのキャラクターみたいに見えるようになってしまったのでは、どうしようもありません。

ですから、まずは手の届くところにある社会の中で、自らの公共性に目覚めるようなチャンスを、数多く与えるべきだと思うのです。その延長線上に国家という大きな「公」があるということがわかれば、国会も総理大臣も、実は自分の手の届く場所にあるのだということが理解できるのではないでしょうか。

　地域社会では、さまざまな人々が暮らしています。お年寄りもおられれば、体の不自由な方もおられる。最近は、外国人の姿も珍しいものではなくなりました。

　また、人々の職業もいろいろです。商店街で働くおじさんやおばさんもいれば、畑で野菜を作っている人もいる。工場で働いている人もいれば、その工場で作られた製品をトラックに乗せて運んでいる人もいます。

　つまり地域社会には、社会や経済の仕組みが、凝縮(ぎょうしゅく)された形で詰(つ)まっているのです。これ以上の「生きた教材」はありません。

　そういう地域社会の中で、それぞれの人々がどんな役割を果たし、お互いにどうやって支(ささ)え合いながら暮らしているかということを肌で知れば、自(おの)ずから「公」の感覚は身につくはずです。自分のことだけ考えていては生きていけない、ということも肌で知ることができるのではないでしょうか。

　昔は、そういうことが日常的に当たり前のこととして経験できました。前に、私が町の人人から商人の道を学んだというお話をしましたが、そのとき同時に「公」のあり方を学んでいたことは言うまでもありません。

同じ品物を扱うライバル同士でも、情報交換に努め、お互いに助け合いながら商いをしていく。そういう大人たちの姿から、子どもはパブリック・マインドの大切さを教えられるのです。

祖母が私たちに、毎日「お飲みやす、お飲みやす」と玄関の外にお茶を撒くよう指導し、お坊さんに施しをするよう教えてくれたのも、人間には社会の一員として果たすべき役割がある、ということを伝えるためだったのだと思います。

しかし今や、若い人たちがそうやって地域の人々と触れあうことがかなり難しい時代になってしまいました。都市化が進んだことで匿名性が増し、地域に暮らす人々の「顔」が見えにくくなっているのです。

毎日のように町ですれ違っている相手のことさえ、どこで何をしている人なのかわからない。もちろん何を考えているのかもわかりませんから、子どもが見知らぬ人と下手に関われば、危ない目に遭うこともあります。変質者による犯罪や誘拐事件も少なくありませんから、親が子どもを「他人」に近づけまいとするのも、ある意味では当然です。

悲しいことに、そんなこともあって、子どもたちは地域社会から遠ざけられるようになってしまいました。子どもだけではありません。大人たちも、地域のコミュニティには積極的に加わろうとせず、「顔」を隠すようにして暮らしています。プライバシーを重んじる時代の流れも、そんな風潮を生んでいるのかもしれません。

しかし、それが人々の公共心を蝕(むしば)む一因になっていることは、間違いないでしょう。お互いに「顔」が見えず、同じ町に暮らす者同士の連帯感も持ち合わせていないのですから、たとえば化粧や着替えを他人に見られて「恥ずかしい」と感じない人がいたとしても、不思議はありません。「私は私、他人は他人、関係ないわ」というわけです。

あるいは、迷惑をかけて怒られたり喧嘩になったりしても、それはその場だけのこと。明日も明後日もその相手とつきあっていくのだと思えば、迷惑をかけて気まずい関係にならないようにしようとするでしょうが、その場だけで済んでしまうのであれば、たとえ文句を言われても、大した問題ではありません。だから平気で迷惑をかけることができるのです。

そうやって自分の生活を地域から切り離す生き方を、「個人主義」と呼んで肯定(こうてい)する人もいるでしょう。しかし、個人主義といえば聞こえはいいですが、暮らしている場所から遊離した自分中心の生き方は、単なる根無し草の「孤立主義」にすぎません。

本来の個人主義とは、「個」の中に「公」をきちんと背負って生きていくことです。よく欧米には個人主義が根付いていると言われますが、その欧米人が一方で、自分の国や町に対してたいへんな愛情と愛着を持っていることを、見逃すことはできません。

勝手気ままに生きるのが個人主義なのではなく、社会的な義務や責任を自立した個人としてしっかり果たすことが、個人主義のベースなのではないでしょうか。

いずれにしても、このまま地域社会と個人が切り離されていたのでは、この国の「公」は音を立てて崩れてしまいます。何らかの方法で地域と個人を強く結びつけ、公共心が身につけられるような環境を作らなければいけません。

新しいスタイルの地域的ネットワーク

そのためには、学校という場を有効に活用したらどうかと思います。

さきほど私は、学校だけでは公共心を育てられないから、地域社会が大事だと申し上げました。にもかかわらず、その地域社会を生かすために学校を使うとは、ずいぶん逆説的な話だと思われるかもしれません。

しかし、私が抱いているイメージは決して逆説的なものではなく、むしろごく自然で当たり前のものです。学校という施設を、単に子どもが授業を受けるだけの場所でなく、コミュニティの拠点として利用できないものかと考えているのです。

よく考えれば、学校ほど地域社会に密着した施設はないでしょう。学校のない町は、ほとんどないからです。他にも公民館や児童館などコミュニティの拠点になり得る施設はありますが、やはり「どこにでもある」という点と「身近さ」や「親しみ」という点でも、学校に匹敵するものはありません。

地域の人々が交流する「ヘソ」のような場所を用意して、バラバラに暮らしている人々を結びつけるとしたら、学校ほどふさわしいところはないのです。

ところが、地域の住民にとって、今の学校はひどく閉鎖的な場所に見えているような気がします。子どもが通っていれば、ＰＴＡの活動や運動会などで足を踏み入れることもあるでしょうが、ふつうの人は滅多に学校内へは入りません。せいぜい、選挙の投票所になったときや、盆踊りの会場になったときぐらいしか、学校に入る機会はないでしょう。

どこにでもあって、身近な施設であるにもかかわらず、何となく近寄りがたい印象があり、敷居が高く感じられる。それが、今の学校です。近くて遠い存在、と言ってもいいでしょう。物理的には近くても、心理的には非常に遠いところにあるのです。

これは、近所に住む人々にとっても、きわめて不幸な関係と言うしかありません。まるで、お互いに「顔」を隠して他人と関わらないように暮らしている人々の姿を、学校が象徴しているようではありませんか。

そういう学校の閉鎖性をぬぐい去って、地域社会に開放することができたら、ずいぶん大きく変わると思います。

盆踊りや運動会のような行事があるときだけではなく、常に学校をオープン・スペースとして地域住民に提供して、誰でも自由に学校へ出入りできるようにするのです。

たとえば子どもたちが休み時間に校庭へ出ていくと、そこでお年寄り夫婦が日なたぼっこをしているかもしれません。赤ん坊を抱いたお母さんが、ミルクをあげているかもしれない。近くの会社のサラリーマンが、気分転換にキャッチボールをしていることもあるでしょう。そうやって、町にいる老若男女がいつも姿を見せている。――そんな場所であってもいいのではないでしょうか。

もちろん、それを具体化しようと思ったら、クリアしなければならない現実的な問題はたくさんあります。誰でも入ってこられるようになれば、当然、防犯・防災など警備上の問題が生じるでしょう。また、授業に集中できなくなるようでは困ります。それから、学校全体の管理を教職員だけで行うことはできないでしょう。学校の引き受ける仕事量が、飛躍的に増えるわけですから、先生たちにだけ押しつけたのでは気の毒です。いろいろな面で、地域住民の協力が不可欠になるわけです。

でも、そういった困難を背負い込んだとしても、学校を地域に開放することには、それを補って余りあるメリットがあると私は思います。若い人たちのパブリック・マインドを育てることは、それぐらい重要なテーマなのです。

授業の合間に、たったひと言、お年寄りから「先生から何を教わってきたの？」とか「これから何して遊ぶの？」などと声をかけられるだけでも、子どもは社会とのつながりを大いに実感できることでしょう。

親や教師だけでなく、見知らぬ他人からも自分が注目されているとわかれば、生活上の意識の持ち方も違ってきます。自分が社会の一員であると意識できるようになるわけです。

オープン・スペースにすれば、学校に入ってくる人の中には少し風体の怪しい者や、猥雑な雰囲気を持った者もいるかもしれません。「教育上よろしくない」と、眉をひそめる保護者もいると思います。

でも、いろいろな人々が雑多に暮らしているのが世の中というものです。犯罪が起きるようなことがないよう、万全の態勢を敷かなければいけませんが、社会の真の姿を子どもに見せることも必要でしょう。子どもを過保護にして、必要以上に危険から遠ざけてはいけないのと同じです。

風体の怪しい人もいれば、猥雑な雰囲気の人もいる、そういう社会の実像から、子どもは多くのことを学ぶのではないでしょうか。そういうものから目を背(そむ)けさせ、無菌室に入れるように閉じこめておくから、公共心が育たないのだと思います。

さらに、「他人」と触れあう機会を得られるのは、子どもたちだけではありません。学校に足を運ぶ大人たち自身もまた、そこで同じ町の人々と知り合うことができます。そこで交わされるコミュニケーションの中から、今までにない、新しいスタイルの地域的ネットワークが生まれるかもしれません。子どもも大人も、今失われかけている「公」の精神を、あらためて身につけることができるわけです。

学校の開放によって、その場が「凝縮された地域社会」になると同時に、地域社会が「巨大な学校」にもなる。そういうボーダーレスな環境を作ることができれば、言うことはありません。

そこでは、どの子どもも「社会の子」として扱われます。今の時代には、その観点が欠けているのではないでしょうか。子どもは、「親の子」であると同時に「社会の子」でもあるのです。それが実感できるようになったとき、大人も子どもも含めて、人々の公共心は大いに高まるのではないでしょうか。

第六章　伸びる人間を作る土台の改造計画

まず社会に活力を与える

社員教育をとおして感じることは、初めからダメな人間はいないということです。誰でも少なからず、入社した以上、この会社の一員となって自分は何をしたいのか、何ができるかと、夢を抱いていると思います。そして、その夢を実現させるには、それなりの受け皿が必要なわけです。

私が参加しました経済戦略会議の答申にもあるように、日本を「努力した者が報われる社会」にしたいというビジョンを持っています。

今の日本が「努力した者が比較的報われない社会」だということは、本書の冒頭でも申し上げました。努力して大きく成長した人も、努力を怠って停滞している人も、結果的には同じような待遇が与えられているのではないでしょうか。そういう理不尽なやり方が、これまでは「平等」「公平」といった美名の下に広く認められてきたのです。

前にもお話ししたとおり、これは「フェア」と「イコール」を混同した悪平等主義と言わざるを得ません。この悪平等主義ほど、人々に無力感を抱かせるものはないでしょう。たとえばプロ野球でも、ふつうはチームが優勝すれば選手の年俸が上がります。だから選手は歯を食いしばって勝つために努力するのです。優勝しても、最下位のチームと同じ待遇しか与えられなかったら、誰が努力などするでしょうか。

この国が活力を失ってしまった背景には、この悪平等主義があったのだと私は思います。たとえば護送船団方式の金融行政などは、その象徴だと言えるでしょう。護送船団方式とは、つまり船足のいちばん遅い者を保護するために、それに合わせてみんな同じスピードで走らせるやり方のこと。ちょうど運動会で、手をつないで全員いっしょにゴールインさせるのと同じことです。

これが日本の金融機関から国際的な競争力を奪ったことは、今さら言うまでもありません。何も新しいことにチャレンジしなくても、十分な待遇を与えてもらえるのですから、実力が伸び悩むのも当たり前です。

前向きな姿勢で意欲的に働かなくても、そこそこの結果が手に入る。頑張ってチャレンジしても、それに見合った果実が与えられない。そういう悪平等主義が社会全体を覆ってしまったことで、この国には深刻なモラルハザードが生まれました。

チャレンジ精神をなくした人間は、ひたすら前例を踏襲するだけの「事なかれ主義」に陥ります。バブル崩壊以降、九〇年代の日本では、民間企業から官庁まであらゆる組織で信じられないような不祥事が続きました。それをもたらしたのは、この「事なかれ主義」ではないかと思います。前例踏襲で、無気力にだらだらと仕事をした結果、職業上の使命感やモラルまで失ってしまったのです。

それと同時に、日本の経済と社会は長い沈滞期に入ってしまいました。それを再生するためには、いろいろな方策がありますが、中でもいちばん大事なのは、悪平等主義を排して「努力した者が報われる」ようなシステムを作ることでしょう。

意欲、チャレンジ精神、向上心といった人々の心理面が好転するだけで、社会の活力は見違えるほど増すものだと思います。

「やる気」を起こさせるシステム作り

さて、努力した者が報われる社会を作り上げるためには、あらゆる分野で抜本的な改革が必要になります。たとえば税制や金融システムなども、「努力する者」をサポートするような形に変えるべきでしょう。

そして、何を置いても真っ先に手を着けなければいけないのが、教育の分野です。社会の基礎となる教育の世界から悪平等主義をなくさなければ、世の中は変わりません。

学校教育にも悪平等主義が蔓延（まんえん）していることは、第二章でも指摘しました。能力に個人差があることを認めようとしない教育は、子どもの個性を否定し、彼らから意欲を奪います。努力して個性や才能を磨（みが）いても評価されないのでは、やる気をなくして当然です。

したがって第二章では、個人に能力差があることを受け入れ、子どもの長所を積極的に伸ばすことが大切だ、という提案をしました。長所が褒（ほ）められ、高く評価されれば、さらに努力してそれを向上させようという意欲も出てくるはずです。

しかし、子どもを悪平等主義から解放するだけでは、十分ではありません。教育の世界で、悪平等によって努力を忘れているものがあります。

それは、何か。他でもない、学校自体です。

前に、教育も一種のサービス業だと申し上げました。そうであるならば、営業努力というものがあってしかるべきでしょう。どんな商売も、激しい競争を生き抜くためには、お客さんを集めるためにさまざまな努力をしなければなりません。ライバルより少しでも質のいいサービスを提供しようと心がけるのが当たり前です。

もちろん、学校の中には、懸命にそういう努力をしているところもあります。私立学校の場合は、よそとは違うセールスポイントを用意してアピールしなければ、学生が集まりません。だから、どの私立学校も、独自の教育理念やカリキュラム、充実した設備、有能な教師陣などなど、サービスの向上に努めているわけです。

ところが公立の小中学校のほうは、今の状態ではそんな努力の必要がありません。黙って待っていれば、決められた学区域から生徒が集まってきます。校長をはじめとする教職員が、より質の高い教育を提供するための努力をしている学校も、何の努力もしようとしない学校も、同じように「商売」が成り立つのです。ふつうのサービス業ならすぐに潰れてしまうようなレベルでも、公立学校の場合は絶対に潰れません。

これが公教育全体の質を低下させてしまうことは、言うまでもないでしょう。事実、すでに公立の小中学校に対する信頼感は、大きく揺らいでいます。私立の小学校に入学するための受験競争、いわゆる「お受験」が激化している現象をみてもわかるはずです。

少なくとも公立小学校の関係者は、これほど多くの親が、わが子を公立校ではなく私立校へ入学させたがっているという現実を、深刻に受け止めなければいけないと思います。

「小学校から受験なんて……」と思いながらも、「そうは言っても、やはり公立には通わせたくない」と不信感を募らせている親が多いのです。

熱意を叶えられる制度を

こうした現状を打破して、信頼を取り戻すためには、公立学校にもある程度の競争原理を導入するしかないのではないでしょうか。サービス向上の努力をした学校に学生が集まり、そうでない学校には学生が集まらないようにする。

そういう仕組みにすれば、必然的に公教育全体のレベルアップがもたらされるはずです。評判が悪くて学生が集まらない学校は、「努力不足」と見なされて、教職員の評価も下がるわけですから、校長や教頭も、どうすれば学生が来てくれるか、懸命に知恵を絞ることでしょう。

そこで経済戦略会議では、公立小学校に通う生徒に選択の自由を与えるため、通学区域制度の見直しを提言しました。

今の公立学校に競争原理が働かないのは、教育を受ける側に選択の余地がないからです。

現在の制度では、住んでいる場所ごとに、あらかじめ決められた学校へ通うしかありません。たとえ歩いて通える隣の区域に、すばらしく評判の良い小学校があって、親はそこに通わせたいと思っても、それは認められない。どんなに評判が悪くても、自分の区域にある学校に通わせる以外にないのです。

もちろん、「それなら私立へ」という選択肢はあるわけですが、これは誰でも選べるものではありません。ある程度の経済的な余裕がなければ私立には行けませんし、仮に家計がそれを許したからといって、希望者全員が入学試験に合格するわけでもないのです。大半の家庭は、公立に頼るしかないのが現実です。

ならば、せめて公立の中でも、自分の気に入った学校へ通えるようにすべきでしょう。不本意な気持ちを抱いたまま、「やむを得ず」決められた小学校に六年間も通学しなければならないというのは、あまりにも不幸です。

もっとも、従来の通学区域制度の中でも、自分の通いたい小学校を選ぶことが、まったくできないわけではありません。その地域でも、とくに評判の良い学校には、一時的に住民票を移すなどして、子どもを越境入学させる親が少なくないのです。

役所の意向には反しているわけですが、「少しでもいい環境で子どもに勉強させたい」という親にとって、ごく当たり前の気持ちから出た行為ですから、一概に悪いとは言えないのではないでしょうか。

しかし、越境入学を実行するにも、それなりのストレスがあるようです。地元で評判が良く、したがって越境入学者の多い公立小学校が大阪市にあるのですが、私はその学校を訪ねたときに、ひどく驚かされました。

学校の周囲に、「するな、させるな、越境入学」というスローガンの書かれた立て看板が、いくつも立てられていたのです。

これは、その学校のＰＴＡが作ったものでした。こんな看板が立てられているぐらいですから、越境している子どもや親は、さぞや肩身の狭い思いをしていることでしょう。とくに子どもは、毎日そのスローガンを横目で見ながら登校しているのです。

その気持ちを考えただけでも、このような看板を立てる人の気が知れません。同じ主張をするにしても、もっと別のやり方があるのではないでしょうか。

それに、越境入学者が多いのは、その学校が質の高い教育環境を備(そな)えている証拠です。また、保護者がその学校で子どもに教育を受けさせることに熱意を持っている証(あかし)でもあります。だとすれば、そこには相乗効果が働きます。

親の熱意に押されるような形で、その学校の教育レベルはますます上がっていくはずです。越境してまで来てくれる生徒がいると思えば、教職員も手抜きはできません。強い責任感と、「もっと良い教育をしよう」という意欲を持って、子どもに接するようになると思います。

ところが、それをまるで犯罪であるかのように言い立てて、阻止しようとする人がいる。せっかくの相乗効果を断ち切って、学校の足を引っ張ろうとするのです。

まったくもって、おかしな話だと言うしかありません。レベルの高い学校を、レベルの低い学校に合わせるべきだ、とでも言いたいのでしょうか。そんなことをしたら、護送船団方式と同じです。悪平等主義そのものの発想だと言えるでしょう。

ともあれ、こんなストレスが生じるのも、画一的で柔軟性の乏しい通学区域制度があるがゆえのこと。制度の上できちんと「越境」が認められれば、それに対して身勝手な文句を言う人も出てきません。

だからこそ、経済戦略会議では、不自由で不合理な現行の制度を見直して、選択の自由を導入するよう求めたわけです。

学校を自由に選ぶ努力とその効果

そういう私たちの提言に、文部省の一部は当初、猛烈に反対していました。他の省庁と同様、「護送船団」的な発想を捨てられなかったのでしょう。足の遅い企業を保護するのと同じように、どんなにレベルの低い学校でも、守るのが自分たちの仕事だと思っていたのかもしれません。実際、選択の自由を導入すれば、生徒が集まらなくて「潰れる」学校が出てくる可能性は十分にあるのです。

しかし最終的には、文部省も私たちの提案に反対しないという方針を固めてくれました。学校選択の自由を導入するかどうかは、各市町村の教育委員会の自主的な判断に任せ、中央の文部省はそれを尊重して口出ししないことになったのです。これは、教育改革を進める上で、実に大きな一歩だと思います。

いや、日本の社会そのものを変えるという意味でも、きわめて重要なターニングポイントとなるに違いありません。この国を覆っている悪平等主義は、義務教育のスタート地点である小学校に、選択の自由がないというところから始まっているとも言えるからです。

社会全体の規模から見れば、ささやかな改革かもしれませんが、ここをポンと一押しすることで、あらゆる「悪平等主義」が、ドミノ倒しのように崩れていく可能性もあるでしょう。

理念が受け入れられただけではなく、すでにいくつかの地域で、小学校の選択入学制度が始まっています。札幌市や三重県に続いて、東京の品川区でも、自分の通う小学校を選ぶことができるようになりました。二〇〇一年からは中学校も選べるとのことです。

もちろん、「自由」が与えられれば、それに伴う「責任」が生じるのは、どんな物事でも同じです。役所の指示どおりに子どもを入学させればよかったときと違い、こんどは親が子どもと相談しながら、自ら判断を下さなければなりません。責任は重大です。

情報がなければ判断することもできませんから、それを仕入れるために、手間も時間もかかるでしょう。ちなみに、保護者に選択の自由が許された品川区では、小学校入学前の子どもを持つ親たちが、学校を決めるまでに平均で一二校を見学したそうです。

その労力はたいへんなものだと思いますが、それでも、気に入らない学校に子どもを預けて六年間もイヤな思いをするよりはいいでしょう。それに、そういう労力を厭うようでは、「成果」を享受することはできません。自己責任や手間暇を引き受けても「やりたい」という熱意と覚悟がなければ、自由を求める資格はないのです。

そして、手間暇を惜しまず見学して歩く保護者の熱意は、学校側の「営業努力」を促しました。品川区の小学校では、校庭をしっかり掃除してきれいにするなど、学校のイメージを高めようとする行動が目に付くようになったといいます。

ふだん家の中を散らかしている人でも、客が来るとなった途端に、ねじり鉢巻きで床や柱を磨き始めることがありますが、今回の学校の対応もそれと同じでしょう。

むろん、そのときだけ磨き上げてもしようがないのですが、選択入学制度が根付けば、学校は常に評判を気にしなければなりません。付け焼き刃のイメージアップ作戦では、すぐに馬脚を現してしまうでしょう。ですからどの学校も、単に見た目やイメージを取り繕うだけでなく、「教育力」そのものを高める努力をするようになるはずです。

品川区の場合、いずれ小学校の統廃合を実施する際、選択入学によって明らかになる、学校の「人気度」を参考にしようという意図もあると聞きました。

三年以内に、同区の小学校のうち二割が統廃合の対象になるそうです。そのとき、どの学校を残して、どの学校を廃校にするのか。それを行政の都合だけではなく、実際に子どもを学校に通わせる保護者の意向も勘案して決めようというわけです。

人気度だけで判断が下されるわけではないとはいえ、利用者の選択が一種の「投票」のような意味を持つということですから、かなり民主的なやり方だと言えるでしょう。

品川区に限らず、これからは少子化に伴って、どの地域でも小学校の統廃合が頻繁に行われるようになると思われます。そこでこのような競争原理が働くのは、たいへん好ましいことです。評判が悪くなれば、ただ生徒数が減るだけでなく、学校自体が存亡の機に直面することになります。

ふつうのサービス業と同様、「客」が集まらなければ潰れる可能性があるわけです。学校側としても、文字どおり「生き残り」をかけて努力するようになることでしょう。その結果、公教育全体のレベルは、自然に上がっていきます。

そういう意味でも、すでに一部の義務教育の公立学校で始まっている選択入学制度が、一日も早く日本全国に広まることを願ってやみません。それが起爆剤となって、この国から悪平等主義を駆逐してくれることを、私は期待しているのです。

競争原理がレベルアップの源

いい意味の競争によって教育の質が向上するのは、もちろん小学校だけではありません。経済戦略会議では、大学教育にも競争原理の導入が欠かせないと考えました。

公立小学校と違って、国立大学の場合は誰でも自由に入学先を選べるわけですから、現状でも競争原理が働いていないわけではありません。世間で「良い大学」と思われているところには、ハイレベルな受験生が集まるようになっています。

でも、その「人気」が大学側の努力によって維持されているのかと言えば、これは少々、疑問でしょう。

公立小学校の評判というのは、地域内で口コミのような形で広まるものですから、実際にその学校で勉強した子どもやその親の実体験が反映されています。ほんとうに美味しい料理を食べさせる店でなければ、「あそこは美味しい」という評判が立たないのと同じことです。

それに対して、大学の人気というのは、いわば「ブランド」のようなものです。あらかじめ東京大学を頂点とする序列ができあがっていて、それはほとんど動きません。

そこで学んだ人の実体験よりも、その序列をアテにして「ここは良い大学だ」と信じている人が多いということです。行列のできているラーメン屋さんを見て、「あれだけ並んでいるんだから美味しいに違いない」と思うようなものだと言えるでしょう。

もちろん、これはあえて極端な言い方をしているのであって、受験生が多く集まる大学には、それなりに良いところがあるのも事実です。

しかしその一方で、既存のイメージに左右されている部分は間違いなくあります。それに寄りかかって、努力を怠(おこた)っている国立大学も決して少なくありません。少なくとも、私立大学のような「生き残り」をかけた闘いはしていないのです。

そういう大学に努力を促すためには、何らかの刺激が必要でしょう。刺激とは、固定化した序列とは別の角度から与えられる、新しい「評価」のことです。

ブランド・イメージは高くても、そこで実際に行われている研究や教育は停滞しているかもしれません。逆に、世間的なイメージはあまり良くなくても、意欲的なチャレンジを行い、成果を上げつつある大学もあるでしょう。

そういう実質的な活動に対する客観的な評価を行い、それが予算配分などに反映されるような仕組みを作れば、国立大学はより活性化し、それぞれ専門性（個性）を高めるよう努力するに違いありません。

そこで経済戦略会議では、今までにない強力な第三者機関を創設することを提言しました。その機関が各大学の研究・教育内容について客観的な評価を行い、それをベースにして政府の研究開発費・教育予算を配分していくという考え方です。

世間的な序列と同様、今は予算の配分もほとんど固定化してしまって、あまり見直されることがありません。まさに前例踏襲の「事なかれ主義」で、柔軟性のない予算配分が行われているのです。これでは、「上」の大学が努力を怠り、「下」の大学がやる気をなくすのも当たり前でしょう。

しかし「前例」にとらわれず、今現実に行われている研究などに目が向けられ、それによって政府からの予算が左右されるとなれば、いわゆる「上」と見られている大学も安穏とはしていられませんし、「下」と見られているところは大いに意欲をかき立てられるはず。結果、国立大学の研究・教育レベルが、全体的に向上するわけです。

学校にも「努力が報われる」方式を採用してみる

さらに将来的には、より一層の努力を促すために、国立大学の独立行政法人化や民営化も視野に入れるべきだと思います。要するに、自分たちの食い扶持は自分たちで稼ぐ。がんばって成果を上げれば自分たちが潤うわけですから、熱意も高まるでしょう。まさに、「努力した者が報われる」システムです。

たとえば医学部なら、大学病院の医療行為によってお金を稼ぐことができるでしょう。工学部や薬学部は、自分たちが開発した技術で特許を取り、それを民間企業に売却することで利益を手にすることもできます。そういう資金を大学運営に回すようにすれば、大学が国家予算に頼らず、財政的に自立することもあり得る話なのです。

現在も、国立大学に所属する研究者が特許を取れば、特許収入の一部は大学の財布に入ります。しかし、それは特許収入の三割から五割程度にすぎませんでした。この配分比率を、文部省は八割まで引き上げる方向で検討しています。「前例」からの脱却を図(はか)っているわけですから、こうした動きは高く評価すべきでしょう。

国家公務員という身分に寄りかかって、チャレンジ精神を失いかけている研究者を刺激するには、そういうインセンティブ(励(はげ)み)を与えることが必要だと思います。

もちろん、どの国立大学もすべて財政的な自立を目指せばいいというものではありません。これまで国が大学を運営してきたのは、社会にとって最低限必要な大学教育を確保しなければならないからです。その必要性は、これからもなくなりはしません。

たとえば、その県に一つしか国立大学がないような場合、やはり国がバックアップしていく必要があるでしょう。

しかしその一方で、独立行政法人化しても十分にやっていける国立大学は、たくさんあります。やっていけるどころか、私立大学の経営者から見れば、「自分に任せてもらえば、もっと立派な大学にしてみせる」と言いたくなるような大学も少なくありません。

これは半分ぐらい本気で言うのですが、たとえば腕の立つ経営者のいる私立大学が東京大学を買収したら、とてつもなくレベルの高い最高の大学ができあがるのではないかと、私は思っています。

東京大学の名前、教授陣、学生をすべて残したまま、経営だけを私立大学が引き受ける。その経営陣が研究や教育の内容に余計な口出しをせず、経営だけに徹していれば、研究・教育・経営の三拍子そろった、すばらしい大学になることでしょう。

日本で最高峰の大学が私立になるなんて、と違和感を覚える人もいるかもしれません。でも、たとえばアメリカでは、公立の大学もたくさんあるものの、ハーバード大学やスタンフォード大学をはじめとして、トップクラスの大学は大半が私立です。

それらの有名私立大学は、優秀な経営陣の努力によって、長い歴史と現在の地位を築いてきました。それと同じことが、日本でもできないわけはありません。

東京大学や京都大学などの有名国立大学が、アメリカの私立大学よりレベルが低いとは言いません。しかし、アメリカの私大のような経営手腕を日本の国立大学が身につければ、もっとレベルの高い、国際的にも評価される大学が生まれるのではないかと思うのです。

淘汰されるべき悪しき慣習

経済戦略会議で、国立大学の独立行政法人化が議論された背景には、教育問題だけではなく、財政改革の問題もありました。国立大学が独立行政法人になれば、その教職員を一般職の公務員から外すことができ、国の負担を大幅に軽くすることができるからです。

危機的な状況にある国家財政を立て直すためには、小手先ではない、大胆な経費削減が求められます。余計な荷物は、できる限り下ろさなければいけません。

当然、教育の分野もその対象になります。現在、国立大学は全国で九九あるのですが、そんなに多くの国立大学がほんとうに必要なのかどうか、あらためて検討する時期が来ていることは間違いないでしょう。

これはやや余談になりますが、九九の国立大学があるということは、その学長も九九人いることになります。それぐらいの地位に上り詰めれば、当然、叙勲の対象になる。国立大学の学長の場合は、ふつう勲三等から勲二等に相当するそうです。

ところが、いろいろな公務員の中でも、この国立大学学長に対する叙勲がいちばん遅れているというのをご存じでしょうか。叙勲資格を満たしている学長はたくさんいるのですが、文部省の推薦枠には限りがあるため、なかなか順番が回ってこないというのです。

それぐらい国立大学はたくさんあるわけで、やはり国が背負い続けるには重すぎるという印象を持たざるを得ません。

ならば、やはり独立行政法人化や民営化に耐えられる大学は、その方向を早急に検討すべきでしょう。また、少子化が進めば大学進学者も減るわけですから、すでに公立小学校がそうなっているのと同様、国立大学の統廃合も考えられてしかるべきです。

統廃合が行われることになれば、財政的なメリットが生じるだけではなく、大学間の生き残り競争も始まるに違いありません。小学校のケースと同じで、これも努力を促すための刺激になります。当然、研究・教育の内容が高まることになりますから、まさに一石二鳥だと言えるのではないでしょうか。

いずれにしろ、「前例」や「既得権」にしがみついている人や集団に、進歩はありません。

ところが今の大学には、教授の地位を手に入れたとたん、ろくに研究をしなくなり、ひたすら定年までそのポジションにしがみついているような学者も少なくないようです。それこそ「事なかれ主義」の典型と言えるでしょう。

そんな人間に国が苦しい財政の中から給料を払うのはもってのほかですし、この国のためにもなりません。努力と進歩をやめた人間や組織が自然淘汰(とうた)されるような仕組みを作らなければ、「教育」と「研究」という二つの重要な土台から、私たちの社会は大きく崩れ始めてしまうのです。

地方独特の「顔」が見える方法を

ところで、これまで見てきた悪平等、前例踏襲、事なかれ主義などの他にも、才能を引き出し育てる環境を阻害(そがい)している大きな要素があります。

それは、文部省主導による中央集権的なシステムです。文部省も見直しを始めていますが、このシステムを再検討し、権限を地方へ大幅に委譲(いじょう)することによって、きわめて弾力的に変化するようになるのではないでしょうか。

現在、各市町村の教育委員会に与えられた権限は、ひじょうに小さなものです。さきほどお話ししたとおり、小学校の選択入学については教育委員会の自主的判断に任されるようになりましたが、それもいろいろな働きかけをした結果、ようやく実現したものです。実際には、地方が独自の判断で決められることなど、ほとんどありません。

一人ひとりの子どもが違った個性を持っているのと同じように、それぞれの地方には独特の個性があります。生活環境も違えば、歴史や文化もそれぞれ違うのですから、「その地方には絶対に欠かせない教育」や「その地方に合った教育」、あるいは「その地方に必要な人材」などがあって当然でしょう。

人間形成は、その人が育った環境や文化と切っても切れない関係にあります。ならば、そこでどういう教育を行うかということについて、各地方が決定権を持つのが自然でしょう。その地方でどんな人材が必要なのか、それを育てるにはどんなことをすべきなのかといったことは、やはり実際にそこで暮らしている人々にしかわかりません。

しかし日本では、中央の文部省が強い権限を握り、全国を一律にコントロールしてきました。子どもの個性を無視して、全体に網を投げるような授業をしてきたのと同じように、地方を「ひと山いくら」で扱ってきたと思われる面もあります。

内容はすべて中央が決め、そこから逸脱することを認めない。もちろん「国」も一つの社会単位ですから、子どもが公共心を学ばなければいけないのと同様、地方も国の方針に合わせなければいけない面はあるでしょう。

でも、今のように地方が文部省の意向にがんじがらめにされていたのでは、地域の「個性」は育ちません。地方がそれぞれの特色を失い、どこへ行っても同じような人間、同じような町ばかりになってきたと言う人もいますが、それが本当だとしたら、画一的になってしまうのも文部省主導による中央集権システムが、その一因になっていると思います。

与えるものが画一的なら、そこから育つ人間が画一的になるのも当然でしょう。そして地方が個性を失うことは、日本全体の活力低下につながります。

地方が特色を失っている背景に、マスメディアの影響があることは言うまでもありません。マスメディアは日本中を覆い尽くしていますから、どの地方の人々も、同じような情報に触れて暮らしています。地方の「顔」が似通ってくるのも無理はないでしょう。

しかし、だからこそ、せめて地方が独自性を打ち出すべきではないでしょうか。インターネットなどの通信技術がますます発達していけば、少なくとも情報環境の面では、さらに均質化が進みます。日本全国どころか、世界中が同じメディアを共有しているわけですから、その中で地方が特色を維持していくのは容易ではありません。地方の個性を支えられるのは、独自の方法を考える以外にないのです。

だとすれば、選択入学制度の導入を教育委員会に任せるだけでなく、もっと多くの決定権を中央から地方へ委(ゆだ)ねるべきでしょう。それを担(にな)えるだけの力量を地方が持たなければならないのは当然ですが、これが実行されれば、国全体の動きも大いに活性化するだろうと思います。

問題に素早く対応できる環境に

学力低下、学級崩壊、いじめ、少年犯罪など、青少年の問題は解決の難しい複雑なことを山ほど抱えています。どうすれば打開できるのか、その糸口さえもなかなか見つからない。いろいろな人がいろいろな解決策を提案しますが、どれが正しいのか誰にもわかりません。対策というのは、やってみて結果を見なければ、正しいのかどうかわからないことが多いからです。

しかしこれも、各権限を地方に渡すことによって、正しい解決策に早くたどり着けるようになるのではないでしょうか。というのも、今のように中央がすべてを決定し、日本中の学校がそれにしたがうという形では、一度に一つの方策しか試せないからです。

話を単純化して考えてみましょう。たとえば、学級崩壊でもいじめでもいいのですが、ある問題への対応策としてA・B・Cという三つの案があるとします。その中から、文部省が「これで行こう」とA案を選ぶ。それが中央の決定ですから、どの地方も同じAというやり方で学級崩壊やいじめなどの問題に対処しようとします。

でも、それがほんとうに効果的な対策なのかどうかは、やってみなければわかりません。しかも、結果が出るまでにはかなりの時間がかかるでしょう。何年もその対策を実行した末、それが功を奏して問題が解決すれば言うことはありませんが、そうなるとは限らない。A案が失敗だとわかってから、こんどはB案やC案に切り替えてみよう、という話になるわけです。もちろん、その結果が出るまでにまた何年もかかります。

もし、地方に決定権（選ぶ権利）が与えられていたら、どうなるでしょうか。

どの意見にも一長一短があるわけですから、あらゆる自治体が同じA案を採用することは考えられません。おそらく、A・B・Cの三案は、それぞれ必ずどこかの自治体で採用されることになるでしょう。

そうなれば、三つの対応策を同時進行で試すことができます。一つ一つ順番に試すより、こちらのほうが効率的であるのは言うまでもありません。そして、やがてC案を採用していた自治体で良い結果が出始める。それを見て、A案やB案を採用していた自治体も「Cへ倣え」で対策を切り替えればいいのです。

このように、さまざまな教育上の「実験」ができるようになることが、地方分権によってもたらされる大きなメリットの一つでしょう。実際には、A・B・Cの三案どころか、自治体の数と同じだけのバリエーションを試すことができるのです。

伸びる人間は育てる側の熱意で決まる

たとえば、最近は文部省の「ゆとり型」路線がさまざまな場所で議論の対象になっています。これまで「3・14」で計算していた円周率を「3」にするとか、小中学校で覚える漢字や英単語の数が大幅に減らされるといった話は、誰でも耳にしたことがあるでしょう。文部省がそう決めたからには、日本中の学校がカリキュラムを減らして、子どもたちに「ゆとり」を与えるようになるわけです。

当然、これには賛否両論があります。

「知識偏重の詰め込み式が、子どもの心を傷つけている。だから、いじめや少年犯罪が増えるんだ」と主張する人々は、「ゆとり型」に賛成するでしょう。

逆に、「すでに子どもたちの勉強量は減っている。この上、カリキュラムを減らしたりすれば、学力低下に拍車（はくしゃ）をかけることにしかならない」と主張する人々は、「ゆとり型」に大反対。

これも、どちらが正しいか結果が出るまでに、何年も、いや何十年もかかるかもしれません。

それなら、両方ともやってみればいいのです。一からすべて地方に任せるわけにもいかないでしょうから、文部省は地方にいくつかの選択肢を示す。その中には、「ゆとり型」もあれば、「詰め込み式」もあります。

それを、各自治体のリーダーが、自らの信念にしたがって、責任を持って選ぶ。そして、どの判断が正しいのかを、地方同士で競争すればいいのです。

そう簡単に「これが正解」と決められるようなものではないかもしれませんが、いろいろな「実験」をすれば、いろいろな「結果」が出るわけで、それはまた次の対策を考える上で役立つに違いありません。

もちろん、ここで大切なのは、教わる側にも選択の自由を認めること。たとえば自分の住んでいる自治体の方針が気に入らず、隣の自治体のやり方が正しいと思う人は、そちらを選べるようなシステムが必要でしょう。

さらに言うなら、もしかすると、良い結果が出るのは一つの案だけではないかもしれません。「ゆとり型」で結果を出す地方もあれば、従来どおりのカリキュラムを使って、評判のいい方法を行うところもあるかもしれない。中央から押しつけられた方針ではなく、あくまでも自分たちで選んだという責任意識があるために、それで成果を出そうと現場が一生懸命に努力するからです。

A案を成功させようと思えば、その案に付随（ふずい）するデメリットをカバーするための工夫（くふう）も生まれるでしょう。それこそ、それぞれの自治体が「自分の頭」で考えながら、自分たちのやり方を改良していくようになるのです。

結局のところ、問題の成否は現場の熱意と努力にかかっています。だとすれば、地方分権で得られる最大のメリットは、「実験」が可能になることではなく、そういう熱意と努力を引き出せるようになることなのではないでしょうか。

しかも、努力して成果を上げれば、その自治体の評価は高まります。

努力すれば、報われる。そういう社会を作るために、本書ではここまで、「自分の頭で考えること」や「個性や才能を引き出すこと」を目指したいろいろな方法が必要だと申し上げてきました。これは、本人はもちろん、すべての人々が、自分の考えに自信を持ち、才能を伸ばせるような環境作りに努力を惜しまないことが、改造計画の基礎になります。

エピローグ——人は死ぬまで熱気球

勉強に終わりはない

本書では主に、学校、家庭、地域社会における子ども時代に何を学びとるかの大切さについてお話ししてきました。子どもたちはやがて社会人となって巣立ち、社会を担っていきます。したがって、その子どもたちに対して何を与えられるかを考えることは、日本の将来を考えることと同じだと思うのです。

しかし、子どもたちに勉強を教え、才能を引き出し、公共心を身につけさせることだけが、必要なのではありません。

これまで私は、「教育は学校の中だけにあるのではない。あらゆるところに転がっているのだ」ということを、何度か申し上げてきました。それと同じように、若いうちだけ勉強すればいいというものではありません。生まれてから死ぬまで、あらゆる年代で、人間には学ぶことが必要なのです。

当然のことながら、学校を卒業して社会に出たからといって、その人が人間として「完成」しているわけではありません。働くようになれば、その仕事に必要な知識やノウハウを勉強しなければいけないのです。

よく学校の先生が、期末試験を前に憂鬱な顔をしている学生に向かって、「社会に出たら毎日が試験みたいなものなんだから、学校の試験ぐらいでウンザリしていたら、やっていけないぞ」と言うことがあります。まさに仕事とは、自分が勉強した成果を試されているようなものだと言えるでしょう。

しかも、その勉強には決して終わりがありません。何か一つのことをやり遂げれば、必ずまた新しい目標やテーマが出てきます。

それにチャレンジするには、それまでとは違う勉強が必要になる。たとえば会社で昇進して部下を持つ身になれば、それまでの仕事ではまったく必要なかった能力が求められるでしょう。上司として、いかに人を動かすかという新しいテーマに直面するわけです。同じ管理職でも、課長と部長ではまた違ったテーマがあります。

このように、仕事をしている限り、私たちは常に勉強に取り組まなければいけないのです。

もちろん、仕事をリタイアして老後の生活が始まってからも、学ぶことが不要になるわけではありません。それまでと違う環境の中で、どうやって充実した毎日を過ごすのか。これは多くの人にとって、きわめて大きなテーマです。

とくに、今は定年退職後の「第二の人生」も昔にくらべて長くなっていますから、漫然と過ごしていたのではもったいない。「余生」と呼ぶには長すぎるのです。そのため、新たな生き甲斐を求めて悩んでいる人も少なくありません。

長い老後を充実したものにしようと、新しいことにチャレンジする人も多いでしょう。すると、やはり何かしらの勉強をすることになります。当然、それをサポートする環境が身の回りになければいけません。

もう自分に「勉強」はいらない、と思っている人がいるとしたら、それはその人が「より良い生き方をしたい」という気持ちを失っている証拠です。自分の人生に対して前向きな姿勢を持っている限り、「学びたい」という気持ちがなくなることはありません。

いつまでも自分らしく、生き生きと暮らしていこうと思ったら、人は常に何かを学び続けていたほうがいいのです。

もちろん、勉強といっても、机に向かってやるものだけとは限りません。前にもお話ししたとおり、人間同士の「対話」の中には必ずいろいろな意味があります。人との触れ合いを通じて、私たちはさまざまなことを学べるのです。

したがって、他人と関わりたい、豊かなコミュニケーションを交わしたいという気持ちさえあれば、それは「勉強」に対する意欲の表れだと言えるでしょう。他人と関わるとは「社会」と関わるということであり、社会と関わるとは、「公」の中で自分という「個」を生かすことです。

別の言い方をすれば、世の中で自分の果たす「役割」を持つということになると思います。そういう欲求のない人はいないでしょう。だからこそ、すべての人々が広い意味の「勉強」を求めているのです。

人々が、「自分の役割を持って生き生きと暮らしたい」という意欲を失ってしまったら、社会は成り立ちません。社会全体の活力を高めていくためにも、すべての人々が「熱気球」のように強い向上心を持てるような環境を欠かすことはできないでしょう。

本書の冒頭でも申し上げたとおり、「高いところへ昇りたい」という人間の向上心を最大限に引き出すのが、社会の役割なのです。

誰にとっても、勉強は生まれてから死ぬまで続くものです。豊かな社会を築くためには、あらゆる人々を対象にした「生涯教育」のあり方についても真剣に考えていく必要があるのではないでしょうか。

「会社だけのために働くな」

学校での勉強を終えた人が最初に受ける教育と言えば、多くの場合、会社で行われる社員教育ではないかと思います。私もかつては入社式で新入社員を前に、社員としての心構えを説くことがありました。これも社員教育の一端(いったん)だと言えるでしょう。

そこで私が話すのは、「会社だけのために働くな」ということです。入社したばかりの若者にそんなことを言うのは、非常識だと思われるかもしれません。しかし私は、彼らが「自分のために」そして「社会のために」仕事をしてくれることを願っているのです。

そういうときに私がしばしば引き合いに出すのが、レマルクというドイツ人作家が書いた

『西部戦線異状なし』という小説。私はこれを学生時代に何度も読み返しました。愛国心に突き動かされて最前線で戦うことを志願した学徒兵が、戦場の過酷な現実に直面して苦悩を重ねるという物語です。

最後、その青年は美しい一輪の花を摘もうと塹壕から頭を出した瞬間に、敵の撃った弾に当たって死んでしまいます。その死が、故郷で待つ家族や恋人にとってたいへんな悲しみであることは言うまでもありません。しかし、戦争をしている軍隊や国にとっては、大した問題ではない。事実、青年が死んだ日の軍の報告書には、「本日、西部戦線異状なし」と記されました。

組織のために自分を犠牲にするのは、実に虚しいことです。「会社のために働く」ことしか考えていない人は、たとえば病気で高熱を出しても、這うようにして出社しようとしますが、本人が思っているほど会社はその人を必要としていません。もちろん、その人には大事な役割があるのですが、誰かが一日休んだぐらいで業務が停滞するようなことはないでしょう。それが会社というものです。

だから私は、「会社だけのために働くな」と言います。会議に遅刻しそうになった社員が、無理に赤信号を渡ろうとして交通事故に遭っても、会社はそういうことまで立ち入ろうとは普通はあまりしません。ならば、「自分のため」に仕事をしたほうがいい。自分らしい個性を磨き、それを発揮する場として、会社を利用すればいいのです。だからといって、「遅刻してもかまわない」などと言っているわけではありません。私が言いたいことは、自分を殺してまで会社に忠誠を誓っても意味がないということです。

何が言いたいかというと、社員教育も学校教育と同様、「個」を大事にしてその能力を引き出すことが必要だということです。会社のために自分を捨てさせるようなことは、本意ではありません。それぞれの個人が「自分らしさ」を追い求めた結果、それが会社に利益をもたらせば、それでいいのです。

新しい才能が見出せるチャンス

そして、これは「生涯教育」全般にも通じることでしょう。生涯教育にも、すべての人々が個性や才能を発揮できるような環境を用意しなければいけません。

たとえば「老後はこういうふうに過ごすものだ」とか「主婦はこういう生き方をするものだ」といった画一的な枠組みを押しつけるような姿勢は、絶対に排除すべきです。

さまざまな個性を持った人々が、自分に合ったものを自由に選べるような多様性と柔軟性。生涯教育のあり方について考えるときは、それが不可欠だと思います。

経済戦略会議では、生涯教育を推進すべきという観点から、地域住民に開かれた「コミュニティ・カレッジ」の創設を提言しました。これも、私たちのイメージどおりに展開すれば、人々の個性を引き出す、多様性と柔軟性を持ったものになるはずです。

経済戦略会議が提案したコミュニティ・カレッジとは、次の四つの機能を併せ持つ、まったく新しいタイプの大学のことです。

（1）二年間の準学士号取得課程
（2）職業訓練・学校
（3）生涯教育
（4）補習教育

これらの機能を持つ大学が各地域に生まれれば、きわめて多くの人々に、多様な教育を受けるチャンスを保証できるに違いありません。

これに似たような場が、今までまったくなかったわけではありません。多くの大学が、「社会人講座」のようなものを設けて、生涯教育に取り組んできました。

しかしこれは、いわゆる「カルチャーセンター」的な色彩が強く、あまり本格的なものとは言えません。それに、広く地域住民に開かれた、いつでも誰でも受け入れてくれるようなものだとも言えないでしょう。

文部省は、社会人特別選抜の実施、昼夜開校制の推進、夜間大学の設置、公開講座の拡充などによって、既存の大学における社会人教育を充実させれば、まず事足りると考えておられるようですが、ここはやはり、「生涯教育」という考え方そのものを世の中の人々に広く理解してもらうためにも、新たなコミュニティ・カレッジの創設が必要だと私は思います。

何より重要なのは、地域の人々が、コミュニティ・カレッジを「自分たちのために存在している大学」だと実感できるようにすることではないでしょうか。そう思えればこそ、積極的にそこで勉強しようという気にもなるはずです。

すでに存在している大学で社会人教育を行っても、言葉は悪いですが、「ついでにやっている」という印象は拭い切れません。

実際にはそうでなくても、利用するほうは、自分たちが「添え物」のように感じる可能性は十分にあります。「お世話になります」という遠慮がちな姿勢で受けたのでは、自分らしさを思い切って表現することはできません。

また、経済戦略会議が目指しているアメリカ型のコミュニティ・カレッジには、地元企業と密接に結びついて、地域の雇用を促進するという、きわめて重要な側面があります。その地域の特色に合った独自の教育メニューを用意し、地元の産業に人材を供給する。そういうことができるのは、文字どおり「コミュニティ」に根付いた大学だからです。

前に、地方分権によって各地域の個性を反映した教育を行うべきだということを申し上げましたが、このコミュニティ・カレッジも、地方の個性や文化をさらに発展させる上で、大きな役割を果たしてくれるのではないかと思います。

「学びたい」気持ちをサポートする

また、これは経済戦略会議としてではなく、私が個人的に考えていることですが、前にも申し上げた「地域に開かれた学校運用」は、人々のパブリック・マインドを育てるだけではなく、生涯教育を推進する上でも、大いに力を発揮するに違いありません。

第五章では、学校を、地域の人々が自由に出入りできるオープン・スペースにしたらどうか、というお話をしました。これは既存の学校施設をそのまま利用するものですが、実を言うと私が考えているのは、従来の「学校」が持っているイメージをひっくり返すような、より大胆なプランです。

今の学校には、教室、校庭、プール、体育館といった、子どもの教育に必要な設備しかありません。それが目的ですから当然なのですが、これを地域の生涯教育に役立て、さらにコミュニティ活動の拠点とするためには、もっといろいろな施設が必要になります。

大人が勉強する教室はもちろん、学校の敷地内に老人ホームや保育所があってもいいでしょうし、ＮＰＯ（民間非営利組織）支援センターのようなものやＩＴの教育講習施設があってもいいでしょう。地域には障害者のために用意された作業所などの施設もありますが、それを学校内に持ち込んでもいい。私は各地域にある学校を、そういう多様な施設を併設した、多目的な公共空間としてガラリと作り替えられないだろうか、と考えているのです。

そうなれば、子どもたちは教師と生徒しかいない閉じられた世界から解放され、立場も年齢も目的も違う、さまざまな人々の活動を目の当たりにすることになります。それが公共心を養うことはすでに申し上げたとおりですが、そういう人々と触れ合っていれば、弱者に対するいたわりや思いやりの気持ちも生まれることでしょう。これは、いじめ、不登校、学級崩壊といった問題を解決する上でも、一つの突破口になるかもしれません。

さらに、地域の大人たちにも、多様な機会が与えられます。そこで何か自分にできる「役割」を見つけるだけでも、意味があると言えるでしょう。「役割」を見つけるとは「自分らしさ」を発見することでもあり、「自分らしさ」を発見することは、すべての人々にとっての第一歩だからです。

とくに、定年で会社を辞(や)めても、まだまだ現役で働けるだけの力を持っている「弱者ではない健全な年配者」の中からは、そこで新しい生き甲斐を見つける人がたくさん出てくるのではないでしょうか。

このような学校改革案は、私が一人で考えているわけではなく、すでにいくつかの地域で実行に移されています。大阪市には生涯教育講座を開設している学校がありますし、宇治市(うじし)では高齢者福祉施設を併設する学校を作りました。

こうした先進的な事例を、その地域だけの「特別なもの」に終わらせてはいけません。同じような動きが日本全国に広がるよう、どんどん奨励(しょうれい)していくべきでしょう。

学び、新しい才能を開花させるチャンスはどこにでもあり、そして、いつまでも続いていきます。それを実(みの)り多いものにするためには、「学校」と「地域」が融合(ゆうごう)して、それこそ「対話」するように連係(れんけい)を深めていくべきだと思います。

これまでにいちばん欠けていたのは、そういった広い意味での「コミュニケーション」でした。対話のないところに、人間や学校や地域の能力を引き出す「エデュケーション」は成立しません。

人々が、生活のあらゆる場面で、お互いに個性を引き出し合う豊かなコミュニケーションを持てるようになったとき、私たちの社会は豊かで力強い「力」を持てるのではないでしょうか。

樋口廣太郎（ひぐち・ひろたろう）
一九二六年一月京都生まれ。一九四九年、京都大学経済学部卒業後、株式会社住友銀行に入行。一九八二年九月代表取締役副頭取に就任。一九八六年にアサヒビール株式会社代表取締役社長に就任。一九九二年代表取締役会長、二〇〇〇年相談役名誉会長（現職）。（財）新国立劇場運営財団理事長、日本ナスダック協会会長。その他に、防衛問題懇談会座長、住空間倍増計画座長、経済戦略会議議長、警察刷新会議副座長、市町村合併推進会議議長、産業新生会議委員などを務める。主な著書に『前例がない。だからやる！』（実業之日本社）、『だいじょうぶ！　必ず流れは変わる』『人材論』（以上、講談社）など多数。

才能論（さいのうろん）
二〇〇〇年十一月二十一日　第一刷発行
著者――樋口廣太郎（ひぐち ひろたろう）
装幀――鈴木　成一

発行者――野間佐和子　**発行所**――株式会社講談社
東京都文京区音羽二丁目一二―二一　郵便番号一一二―八〇〇一
電話　編集〇三―五三九五―三五三〇　販売〇三―五三九五―三六二二　製作〇三―五三九五―三六一五
印刷所――慶昌堂印刷株式会社　**製本所**――黒柳製本株式会社
落丁本・乱丁本は小社書籍製作部あてにお送りください。
送料小社負担にてお取り替えします。
なお、この本についてのお問い合わせは
生活文化第三出版部あてにお願いいたします。
ISBN4-06-210491-1（生活文化三）
定価はカバーに表示してあります。